001Ia Abb.: mb

W0056769

INHALT

BEWERTUNG DER SEHENSWÜRDIGKEITEN

★ ★ ★   auf keinen Fall verpassen
★ ★   besonders sehenswert
★   wichtige Sehenswürdigkeit für
speziell interessierte Besucher

BILDNACHWEIS

Die Kürzel an den Abbildungen stehen
für folgende Fotografen, Firmen und
Einrichtungen. Wir bedanken uns für
die freundliche Abdruckgenehmigung.

CATourism	California Tourism
AA	Anthony Arendt
RW	Richard Wong
LACVB	The Los Angeles
	Convention and
	Visitors Bureau
AP	Arnesen Photography
HCC	Hollywood Chamber
	of Commerce/
	Global Icons
MTG	Michele & Tom Grimm
RC	Richard Caroll
RL	Robert Landau
mb/Titelfoto	Margit Brinke
	(Autorin)

Margit Brinke, Peter Kränzle

CITY|TRIP
LOS ANGELES

NICHT VERPASSEN!

6 WALT DISNEY CONCERT HALL [B3]

Die Innenstadt von Los Angeles verfügt mit der spektakulären Walt Disney Concert Hall von Frank Gehry über ein höchst ungewöhnliches und auffälliges Wahrzeichen (s. S. 57).

15 WALK OF FAME [h2]

Der über 2 km lange „Walk of Fame", Teil des Hollywood Boulevard, erinnert mit seinen über 2400 in den Fußweg eingelassenen Sternen an Berühmtheiten aus der Unterhaltungsindustrie (s. S. 66).

22 UNIVERSAL STUDIOS [cf]

In den Universal Studios werden Filmkulissen lebendig und es gibt einen Vergnügungspark für die ganze Familie, Shops und Lokale (s. S. 70).

23 LACMA [f7]

Selbst Museumsmuffel finden in diesem mehrteiligen Komplex etwas Interessantes. Das LACMA bietet ein breites Spektrum an Kunst aus aller Welt, von der Prähistorie bis heute, in architektonisch außergewöhnlichem Rahmen (s. S. 73).

31 GETTY CENTER [ag]

Eine „Kunstkathedrale" in den Hügeln über der Stadt – der Komplex mit seinen Gartenanlagen ist ein ungewöhnliches Gesamtkunstwerk und lohnt nicht nur wegen der Kunstsammlung, sondern auch aufgrund der Architektur und des Ausblicks (s. S. 77).

32 GETTY VILLA [ag]

Wie einst die Römer in der Antike gelebt haben, vermittelt die originalgetreu nachgebaute Villa dei Papiri. Nach dem Bauherrn benannt, wird hier antike Kunst höchst sehenswert präsentiert (s. S. 80).

33 SANTA MONICA [ah]

Hier gibt es nicht nur einen endlosen Sandstrand und einen historischen Pier mit Vergnügungen aller Art, sondern auch eine attraktive Fußgängerzone namens „Third Street Promenade" (s. S. 82).

39 THE HUNTINGTON

Allein schon der Botanische Garten macht das Huntington zum „Muss". Dazu kommen eine bedeutende Sammlung amerikanischer und britischer Kunst sowie eine historische Bibliothek (s. S. 90).

40 DISNEYLAND

Über 15 Mio. Besucher pilgern Jahr für Jahr zum „Happiest Place on Earth", um mit Mickey Mouse, Goofy und all den anderen Fantasiefiguren aus der „Traumfabrik Disney" in eine amüsante Kunstwelt einzutauchen (s. S. 92).

Leichte Orientierung mit dem cleveren Nummernsystem

Die Sehenswürdigkeiten der Stadt sind zum schnellen Auffinden mit **fortlaufenden Nummern** versehen. Diese verweisen auf die ausführliche Beschreibung **im Kapitel „Los Angeles entdecken"** und zeigen auch die genaue Lage **im Stadtplan.**

IMPRESSUM

Margit Brinke, Peter Kränzle
CityTrip Los Angeles

erschienen im
REISE KNOW-HOW Verlag Peter Rump GmbH,
Osnabrücker Str. 79, 33649 Bielefeld

© Peter Rump
1. Auflage 2011

ISBN 978-3-8317-1998-3
PRINTED IN GERMANY

Herausgeber und Gestaltungskonzept:
   Klaus Werner
Lektorat: amundo media GmbH
Layout: Günter Pawlak (Umschlag),
   Anna Medvedev (Inhalt)
Fotos: s. Bildnachweis S. 4
Karten: Ingenieurbüro B. Spachmüller,
   amundo media GmbH
Druck und Bindung:
   Fuldaer Verlagsanstalt GmbH & Co. KG

Dieses Buch ist erhältlich in jeder Buch-
handlung Deutschlands, der Schweiz,
Österreichs, Belgiens und der Niederlande.
Bitte informieren Sie Ihren Buchhändler
über folgende Bezugsadressen:
   Deutschland: Prolit GmbH, Postfach 9,
   D-35461 Fernwald (Annerod)
   sowie alle Barsortimente
   Schweiz: AVA-buch 2000, Postfach,
   CH-8910 Affoltern
   Österreich: Mohr Morawa Buchvertrieb
   GmbH, Sulzengasse 2, A-1230 Wien
   Niederlande, Belgien: Willems
   Adventure, www.willemsadventure.nl

Wer im Buchhandel trotzdem kein Glück
hat, bekommt unsere Bücher auch über
unseren Büchershop im Internet:
www.reise-know-how.de

Wir freuen uns über Kritik, Kommentare
und Verbesserungsvorschläge:
info@reise-know-how.de

www.reise-know-how.de
‣ Ergänzungen nach Redaktionsschluss
‣ kostenlose Zusatzinfos und Downloads
‣ das komplette Verlagsprogramm
‣ aktuelle Erscheinungstermine
‣ Newsletter abonnieren
Verlagsshop mit Sonderangeboten

BENUTZUNGSHINWEISE

CITY-FALTPLAN

Die im Buch beschriebenen Örtlichkeiten
wie Sehenswürdigkeiten, Restaurants,
Hotels, Cafés usw. sind im Kartenmaterial
mit Symbol und Nummer eingetragen.

Ortsmarken mit fortlaufender Nummer,
aber ohne Angabe des Planquadrats
liegen außerhalb des im Buch abgebildeten
Kartenmaterials. Sie können aber wie alle
im Buch beschriebenen Örtlichkeiten
leicht in unseren speziell aufbereiteten
Internet-Karten lokalisiert werden (siehe
hintere Umschlagklappe).

ABKÜRZUNGEN

Abgesehen von bekannten Abkürzun-
gen wurden folgende verwendet:

> E – East
> W – West
> St. – Street
> Rd. – Road
> Sq. – Square
> Ave. – Avenue
> Blvd. – Boulevard
> Hwy. – Highway
> bei Adressangaben steht „/" für „Ecke",
  „–" für „zwischen"
> L.A. – Los Angeles, bezeichnet meist
  den gesamten Großraum

ORIENTIERUNGSSYSTEM

Zur schnelleren Orientierung tragen alle
Hauptsehenswürdigkeiten und Lokalitä-
ten die gleiche Nummer sowohl im Text als
auch im Kartenmaterial:

❾ Die Hauptsehenswürdigkeiten werden
im Abschnitt „Los Angeles entdecken"
beschrieben und mit einer fortlaufenden
magentafarbenen Nummer gekennzeichnet, die auch im Kartenmaterial
eingetragen ist.
  Stehen die Nummern im Fließtext,
verweisen sie auf die jeweilige Beschreibung der Sehenswürdigkeit im Kapitel
„Los Angeles entdecken".

🛈188 Mit Symbol und fortlaufender
Nummer werden die sonstigen Lokali-
täten wie Cafés, Geschäfte, Hotels,
Infostellen usw. gekennzeichnet.

[D4] Die Angabe in eckigen Klammern
verweist auf das Planquadrat im Kartenmaterial, in diesem Beispiel auf das
Planquadrat D4.

◾ EXKURSE ZWISCHENDURCH

DIE AUTOREN

Margit Brinke und **Peter Kränzle** sind promovierte Archäologen, die sich 1995 als freiberufliche Journalisten und Buchautoren selbstständig gemacht haben. Seither konnten sie sich durch fast 70 Publikationen bei verschiedenen Buchverlagen und durch regelmäßige Mitarbeit bei verschiedenen Zeitungen und Magazinen einen Namen im Reise- und Sportjournalismus machen. Im REISE KNOW-HOW Verlag liegen bereits die CityGuides „New York", „San Francisco" und „Chicago" sowie der Reiseführer „Kreta" vor, außerdem die CityTrips „Athen", „Basel", „Genf", „New York", „Salzburg" und „Toronto"; „New Orleans" ist in Vorbereitung.

Der erste Besuch in Los Angeles im Jahr 1982 entpuppte sich als etwas schwerfällige erste Annäherung, allein schon wegen der unterschätzten Distanzen. Von „Liebe auf den ersten Blick" kann keine Rede sein, aber im Laufe weiterer Besuche wuchs die sich in konstantem Wandel befindliche „Stadt der Engel" den Autoren mehr und mehr ans Herz und gehört nun zu ihren liebsten Reisezielen.

SCHREIBEN SIE UNS

Dieser CityTrip-Band ist gespickt mit Adressen, Preisen, Tipps und Infos. Nur vor Ort kann überprüft werden, was noch stimmt, was sich verändert hat, ob Preise gestiegen oder gefallen sind, ob ein Hotel, ein Restaurant immer noch empfehlenswert ist oder nicht mehr usw. Unsere Autoren sind zwar stetig unterwegs und erstellen alle zwei Jahre eine komplette Aktualisierung, aber auf die Mithilfe von Reisenden können sie nicht verzichten.

Darum: Schreiben Sie uns, was sich geändert hat, was besser sein könnte, was gestrichen bzw. ergänzt werden soll. Wenn sich die Infos direkt auf das Buch beziehen, würde die Seitenangabe uns die Arbeit sehr erleichtern. Gut verwertbare Informationen belohnt der Verlag mit einem Sprechführer Ihrer Wahl aus der über 220 Bände umfassenden Reihe „Kauderwelsch".

Bitte schreiben Sie an:
REISE KNOW-HOW Verlag Peter Rump GmbH, Postfach 140666, D-33626 Bielefeld, oder per E-Mail an: info@reise-know-how.de

Danke!

Latest News
Unter **www.reise-know-how.de** werden regelmäßig aktuelle Ergänzungen und Änderungen der Autoren und Leser zum vorliegenden Buch bereitgestellt.
Sie sind auf der Produktseite dieses CityTrip-Titels abrufbar.

AUF INS VERGNÜGEN

003la Abb.: mb

„Los Angeles is 72 suburbs in search of a city", meinte einmal die Schriftstellerin Dorothy Parker (1893–1967) – und es ist etwas Wahres dran. „L.A." ist nämlich alles andere als eine gewöhnliche Stadt, es ist ein Großraum, ein Konglomerat aus verschiedenen Vororten bzw. Städten – an die 90 sind es inzwischen. Es ist eine Metropole ohne Maßstäbe, mit Glitzer und Glamour, Plastik und Stars und mit Autobahnen, die zu keiner Stunde leer sind.

KURZTRIP NACH LOS ANGELES

Die meisten Besucher kommen im Rahmen einer längeren Rundreise nach L.A., oft ist die Metropole Ankunfts- oder Abflugpunkt. Doch es ist schwierig, Los Angeles an einem oder zwei Tagen zu erkunden, dazu sind allein schon die Distanzen zwischen den einzelnen Stadtteilen, Sehenswürdigkeiten und Attraktionen zu groß.

Drei Tage sollten für L.A. das Minimum sein – mehr wäre besser, speziell für alle, die Disneyland und eine Studiotour planen. Die Stadt kennt nämlich wie New York keine Grenzen. Auf den vielspurigen Autobahnen kann man rasch die Orientierung verlieren und sich angesichts der weitverstreuten Attraktionen und Museen, Einkaufsareale und *neighborhoods* schnell überfordert fühlen. Über eines sollte man sich klar sein: Es ist unmöglich, alle Attraktionen

◄ *Vorseite: Der Sonnenstaat Kalifornien heißt seine Besucher willkommen*

auf einmal „mitzunehmen", es müssen **Schwerpunkte** gesetzt werden. Öffentlicher Nahverkehr ist vorhanden, nützt einem allerdings nur eingeschränkt etwas, da er lokal begrenzt (z. B. Downtown und Hollywood) und die Benutzung zeitaufwendig ist. Ein **Mietwagen** ist unabdingbar, denn: L.A. ohne Auto ist wie New York ohne Schuhe – es ist möglich, aber schmerzlich!

1. TAG: HOLLYWOOD UND DOWNTOWN

Der erste Tag gehört **Hollywood** und dem Herzen der Stadt, **Downtown L.A.** Das bietet auch den Vorteil, zu Anfang nicht gleich den ganzen Tag mit dem Auto unterwegs sein zu müssen, denn viele Ziele in Downtown L.A. und Hollywood sind gut mit **Metro Rail**, der Schnellbahn, und **DASH**-Bussen erreichbar.

Vormittags

Der Hollywood Blvd. mit dem **Walk of Fame 15** und **Grauman's Chinese Theatre 17**, mit **Hollywood & Highland 16** und dem **Kodak Theatre** (s. S. 30) sowie dem **Hollywood Museum 18** sollten am Anfang des

Besuchsprogramms stehen, günstigerweise kombiniert mit einer Walking Tour, z. B. jener, die im Hollywood City-Pass (s. S. 64) enthalten ist. Sie gibt einen guten ersten Überblick, den man anschließend vertiefen kann.

Mittags und nachmittags

Downtown L.A., nur ein paar Schnellbahnstationen von Hollywood entfernt, war noch vor ein paar Jahren eher öde und wenig sehenswert. Das ist heute komplett anders und die Innenstadt hat sich zu einem interessanten Gemisch aus historischen und modernen Bauten und verschiedenen Vierteln gemausert.

El Pueblo ❶ erinnert an die spanischen Wurzeln der Stadt, wohingegen die **Walt Disney Concert Hall ❻** und das **MoCA ❼** die Moderne repräsentieren. Für einen Zwischenimbiss empfehlen sich die Stände im besuchenswerten **Grand Central Market ❽** oder die Shops und Lokale im nahen **Little Tokyo ❾** oder **Chinatown ❸**.

▲ *Die City of Los Angeles – ein markantes Häufchen von Wolkenkratzern – bei Sonnenaufgang*

Abends und nachts

Ehe es zurück ins Hotel geht, sollte man noch das **Grammy Museum ⓫** „mitnehmen". Es ist Teil des neuen Entertainmentkomplexes **L.A. LIVE**, einem Konglomerat von Restaurants, Bars, Klubs (wie dem Club Nokia, s. S. 29) und Kinos sowie dem Staples Center (s. S. 117) als Sport- und Konzerthalle. Sollte die Sicht klar sein, böte es sich an, zum Sonnenuntergang (oder zum Sternegucken) den Ausblick vom **Griffith Observatory ㊱** zu genießen.

2. TAG: WESTSIDE UND SANTA MONICA

Am zweiten Tag stehen weitverstreute Highlights auf dem Besichtigungsprogramm, die man am besten im **Mietwagen** nacheinander abfährt. Zwar soll das Schnellbahnsystem auch in die Außenbezirke ausgebaut werden, doch bis z. B. auch Santa Monica angebunden ist, werden noch Jahre vergehen.

Vormittags und mittags

Auf der **Westside** befinden sich Nobelwohnorte wie **West Hollywood, Bel Air** oder **Beverly Hills** und hier erstrecken sich auch der legendäre **Rodeo Drive** ㉘ und der **Sunset Strip** ㉗, die bekannten Einkaufs- und Bummelmeilen der Stars und der Reichen. Ebenfalls im Westen der Stadt liegt mit dem **LACMA** ㉓ eines der Museumshighlights der Stadt. Für die Mittagspause empfiehlt sich eines der Museumsrestaurants oder der **L.A. Farmers Market** (s. S. 74). Fährt man gleich weiter zum **Getty Center** ㉛ in den Brentwood Hills, könnte man im dortigen Lokal nicht nur gutes Essen, sondern auch einen traumhaften Ausblick genießen.

Nachmittags und abends

Nach dem Besuch des Getty Center, der einem sicher zu kurz vorkommen wird, geht es an die Küste, in die neu gestaltete **Getty Villa** ㉜ bei Malibu, um dort in die römische Antike einzutauchen. Für den Rest des Tages und eine laue Nacht wären Strandfeeling und Dolce Vita in **Santa Monica** ㉝ das Richtige (günstig mit Unterkunft dort). Vor dem Sonnenuntergang und einem Dinner am **Santa Monica Pier** lohnt sich ein Bummel über die **3rd Street Promenade**.

3. TAG: BESUCH BEI MICKEY UND SEINEN FREUNDEN

Ein Besuch in L.A. wäre unvollständig ohne Mickey und Co. in **Disneyland** ㊵ seine Aufwartung zu machen. Dabei gilt es, sich zu entscheiden, ob man einen ganzen Tag investieren möchte – was sich angesichts der Eintrittsgebühr anböte – oder zusätzlich am Nachmittag einen Besuch in den **Universal Studios** ㉒ einplant. Wer noch nicht auf dem Griffith Observatory ㊱ war, hätte abends dazu noch Gelegenheit.

WER MEHR ZEIT HAT ...

... hat Optionen über Optionen: Auf Westernfreunde wartet das **Autry National Center of the American**

DAS GIBT ES NUR IN L.A.

❯ *Star Gazing* am Rodeo Drive ㉘, am Sunset Strip ㉗ oder in einer der illustren Hotelbars (s. S. 76)
❯ *California Way of Life:* Wo, wenn nicht an den Stränden von L.A., hätte der legere Lifestyle der Beach Boys und Girls zu solcher Perfektion getrieben werden können (s. S. 40)?
❯ *Toons:* Comic- und Filmcharaktere in voller Montur bieten sich (gegen Trinkgeld) zum Fotografieren auf dem Hollywood Blvd. an (s. S. 67).
❯ *Santa Ana Winds:* Die „devil winds", die im Great Basin durch steigenden Luftdruck entstehen und bei Annäherung an L.A. Geschwin-

digkeiten bis zu 130 km/h erreichen können, sind gefürchtet (s. S. 43).
❯ *Filmstudios:* Beim Filmdreh zusehen, aktiv im Publikum bei einer Show dabei sein oder einfach „nur" Filmkulissen begutachten – nirgendwo sonst gibt es dazu so zahlreiche Gelegenheiten wie in L.A. (s. S. 71).
❯ *German Cars:* In keiner anderen amerikanischen Stadt sind **deutsche Autos**, v. a. BMW, Mercedes, Porsche, aber auch Audi und VW, beliebter als in L.A. „Deutsche Qualitätsarbeit" wird von den Angelenos als Statussymbol geschätzt.

West ③⑦. **Knott's Berry Farm** ④① bietet sich als weiterer Vergnügungspark an und zum Entspannen, Ausruhen und Kunst genießen die **Huntington Library & Botanical Gardens** ③⑨. Wasserratten und Sonnenanbeter können unter **Strandkommunen** wie **Venice Beach** ③④, **Redondo Beach, Long Beach** ③⑤ – mit einigen kulturellen Attraktionen – oder **Huntington Beach** (s. S. 40) wählen. Wer sich für die Stars und ihre Villen interessiert, sollte eine der **Bustouren** (s. S. 118) mitmachen, die in die illustren Viertel führen. Die Liste ist lang und Anlass, mindestens noch einmal nach L.A. zurückzukommen.

ZUR RICHTIGEN ZEIT AM RICHTIGEN ORT

Eigentlich ist man in Los Angeles immer „zur richtigen Zeit am richtigen Ort", denn im Großraum ist das ganze Jahr über etwas los. Begünstigt wird dieser Umstand dadurch, dass die „Stadt der Engel" die Sonne gepachtet zu haben scheint. Dennoch kann es nicht schaden, die Daten der bedeutendsten Events zu kennen.

FRÜHJAHR

> Ende Januar: **Golden Globe Awards,** im Beverly Hilton Hotel am Wilshire Blvd. (www.goldenglobes.org/goldenglobeawards)
> Ende Februar: An einem Sonntag werden im Kodak Theatre die **Academy Awards (Oscars)** verliehen (www.kodaktheatre.com/academy_awards.htm).
> Ende Januar/1. Hälfte Februar (je nach Vollmond): **Golden Dragon Parade.** Umzug mit großem Drachen entlang dem N Broadway in Chinatown zur Feier des

Aktuelle Termine

Weitere Informationen zu aktuellen Veranstaltungen aller Art findet man z. B. hier:

> **L.A. Times,** am Wochenende in der „Calendar"-Sektion bzw. http://findlocal.latimes.com
> **www.calendarlive.com** – Rubriken wie „Family & Festivals", „Movies", „Music", „Nightlife", „Theater & Dance" etc.
> **www.laweekly.com/calendar** – Kalender von „LA Weekly" mit aktuellen Hinweisen zu Konzerten, Film, Theater, Museen u. a. Veranstaltungen
> **www.experiencela.com/Calendar** – „Official Cultural Calendar of Los Angeles County" mit Suchfunktion

Chinese New Year (Infos unter www.lagoldendragonparade.com, www.chinatownla.com).
> März: **Los Angeles Marathon.** Start am Dodger Stadium, durch Downtown, Hollywood und die Westside nach Santa Monica. 23.000 Läufer, 1000 Cheerleader und Street Performances (www.lamarathon.com).
> Mitte April: **Cherry Blossom Festival** in Little Tokyo (San Pedro St., 1st–3rd St.). Japanisches Kirschblütenfest mit Tanz, Musik und Vorführungen aller Art (www.cherryblossomfestivalsocal.org).
> Ende April: **Santa Clarita Cowboy Festival** (www.cowboyfestival.org) auf Gene Autrys Melody Ranch/Motion Picture Studio in Newhall. Mit „Walk of Western Stars Gala", Reiten, Cowboy Fashion Show und Cowboy Comedy, Poetry und Essen.
> 5. Mai: **Fiesta Broadway/Cinco de Mayo** (www.fiestabroadway.la), Broadway/Main St., E César E. Chávez Ave. – 11th

009la Abb.: LACVB

SOMMER

〉 Mitte Juni: **Mariachi USA Festival** in Hollywood. Wettbewerb der Spitzen-Mariachi-Bands aus den USA und Mexiko in der Hollywood Bowl (www.mariachiusa.com).

〉 1. Junihälfte: **Playboy Jazz Festival** in der Hollywood Bowl. Große Showmaster und Entertainer wie Bill Cosby treten auf (www.hollywoodbowl.com).

〉 Ende Juni: **Daytime Emmys.** Verleihung der „Oscars" für TV-Stars in den Bereichen Nachrichten, Sport, Talkshows etc. durch die 1955 gegründete National Academy of Television Arts and Sciences im Kodak Theatre (www.emmyonline.tv).

〉 2. Junihälfte: **Los Angeles Film Festival.** Zehn Tage geht es in verschiedenen Kinos um den unabhängigen Film (www.lafilmfest.com).

〉 4. Juli: **Independence Day.** Feuerwerke an verschiedenen Orten – Hollywood Bowl, Venice Beach, Rose Bowl und Diesneyland – sowie Huntington Beach Parade & Fireworks.

〉 Ende Juli/Anfang August: **US Open of Surfing,** Huntington Beach Pier, Main St./Pacific Coast Hwy. Über 200.000 Teilnehmer, Livebands, Sports Expo (Messe) und Partys (Infos im Web: www.usopenofsurfing.com).

〉 Mitte August: **Nisei Week Japanese Festival** in Little Tokyo. Achttägiges japanisches Kulturfest mit Vorführungen, Teezeremonien und Blumenshows (www.niseiweek.org).

〉 Ende August/Anfang Sept.: **Primetime Emmys.** Im L.A. LIVE Downtown werden die Gewinner der TV-Nightshows ausgezeichnet (www.emmys.com/night).

HERBST

〉 Mitte September/Anfang Oktober: **L.A. County Fair,** Pomona County Fairplex, W McKinley/N White Ave., Pomona. Seit 1921 stattfindende landwirtschaftliche

St., Downtown. Mit über einer halben Mio. Teilnehmern weltweit größtes Fest zum mexikanischen Unabhängigkeitstag.

〉 Anfang Mai: **Powwow at UCLA.** Zwei Tage dauerndes Indianerfest mit Gesangs-, Tanz-, Trommel- u. a. Wettbewerben auf dem UCLA Main Campus (Tel. 310 2067513, powwow@ucla.edu).

〉 Ende Mai (Memorial Day Weekend): **UCLA Jazz Reggae Festival** auf dem Uni-Campus mit hochkarätigem Livejazz und -reggae (http://jazzreggaefest.com)

▲ *Cinco de Mayo (s. S. 11) wird besonders in El Pueblo, dem alten Stadtkern, groß gefeiert*

Messe mit Weinproben, Ausstellungen und Konzerten (www.lacountyfair.com).

❯ 31. Oktober: **West Hollywood Halloween Carnaval**, Santa Monica Blvd., La Cienega Blvd.–Doheny Dr. 400.000 Teilnehmer, DJs, Bands, Kostüm- und Drag-Queen-Wettbewerbe sowie Ehrenbürgermeisterwahl (www.weho.org).

WINTER

❯ Sonntag nach Thanksgiving (letzter Do. im Nov.): **Hollywood Christmas Parade** ab Chinese Theatre, Hollywood Blvd., südwärts zur Van Ness Ave., dann entlang dem Sunset Blvd. Seit 1928 unter dem Motto „Here comes Santa Claus" (von Gene Autry) stattfindender Umzug

◗ FEIERTAGE

In den USA werden wegen der vergleichsweise geringen Zahl von Urlaubs- und Feiertagen diese gern auf einen Montag oder Freitag gelegt. Die Feriensaison dauert landesweit von Memorial bis Labor Day, die beide ein verlängertes Wochenende bedeuten.

❯ 1. Januar: **New Year's Day**
❯ 3. Montag im Januar:
  Martin Luther King's Birthday
❯ 3. Montag im Februar: **President's Day** (Washington's Birthday)
❯ Ende März/Anfang April:
  Easter Sunday (Ostersonntag)
❯ 22. Mai: **Harvey Milk Day** (kalifornischer Feiertag)
❯ Letzter Montag im Mai: **Memorial Day**
❯ 4. Juli: **Independence Day**
❯ 1. Montag im September: **Labor Day**
❯ 2. Montag im Oktober: **Columbus Day**
❯ 11. November: **Veterans Day**
❯ 4. Donnerstag im November:
  Thanksgiving Day
❯ 25. Dezember: **Christmas Day**

mit Wagen, Classic Cars, Kamelen, Fußtruppen und Marching Bands (www.hollywoodchristmas.com).

❯ 1. Januar: **Tournament of Roses Parade**, Pasadena, S Orange Grove Blvd./Ellis St. Seit 1890 stattfindende Parade mit Musik und blumengeschmückten Wagen im Beisein von über 1 Mio. Zuschauern. Anschließend College-Football-Spiel um den „Rose Bowl" (www.tournamentofroses. com).

LOS ANGELES FÜR CITYBUMMLER

„Life in the Fast Lane!" – so lautet der Titel eines Hits der Eagles, der legendären Rockband aus L.A. Und in der Tat lebt man im Großraum Los Angeles ständig auf der Überholspur und will dem Rest der Welt dauernd eine Nasenlänge oder Idee voraus sein. In L.A. werden Trends geboren und Stars gemacht – und ebenso schnell wieder vergessen ...

Los Angeles ist alles andere als eine gewöhnliche Stadt: Offiziell sollen um die 18 Mio. Menschen in der **Metropolregion** leben, genaue Zahlen kennt niemand. Auch flächenmäßig sorgt L.A. für Superlativen: Von Norden nach Süden erstreckt sich das Stadtgebilde über rund 200 km, von Osten nach Westen sind es immerhin noch gut 150 km.

Vorbei an endlosen gleichförmigen **Wohnsiedlungen** schlängeln sich einer Krake gleich vielspurige **Autobahnen**, die konstant überfüllt sind. Schnell ist man genervt und fragt sich, wo denn nun dieses L.A. eigentlich liegt oder wo sich Hollywood versteckt. Hält sich der Smog in Grenzen, kann man vor der schneebedeckten Bergkulisse der Sierra Nevada die

Skyline von Downtown als Orientierungspunkt wenigstens in der Ferne ausmachen. Aber erst wenn sich der „gordische Knoten" der Highways gelöst hat, offenbaren sich die Reize der Megalopolis – auch wenn diese wiederum **weit auseinander liegen.** L.A. erschließt sich nicht auf den ersten Blick, diese einerseits von schärfsten Kontrasten und andererseits von endloser Vielfalt und Toleranz geprägte Stadt will entdeckt, erobert und vor allem im wörtlichen Sinne „**erfahren**" werden.

Kurz gesagt, eine Stadt für klassische „Citybummler" ist L.A. nicht. Die weitläufige Struktur erfordert eine **besondere Art der Erkundung.** Zu Fuß stößt man rasch an seine Grenzen und selbst in Kombination mit dem öffentlichen Nahverkehr wird das Programm nur eingeschränkt realisierbar sein. Downtown und Hollywood lassen sich zu Fuß und mit Bahnen und Bussen erkunden, doch bei vielen anderen Vierteln und Sehenswürdigkeiten ist man auf ein Auto angewiesen. Man kann die meisten Ziele zwar „theoretisch" mit dem öffentlichen Nahverkehr erreichen – im Kapitel „Los Angeles entdecken" (s. S. 53) wird explizit darauf hingewiesen –, doch sind die Fahrten mit Bus und selbst Schnellbahn bei größeren Entfernungen zeitraubend und umständlich.

Idealerweise gliedert man sein **Besichtigungsprogramm** (und evtl. auch seine Unterkünfte) regional und kombiniert Sights und Attraktionen mit Shopping und Bummeln. Zwischen den einzelnen Vierteln und Spots sind meist viele Meilen zurückzulegen und es wäre nicht sinnvoll, z. B. erst das Kulturprogramm zu absolvieren und dann zum Shopping zurückzukehren.

L.A. ist ein **Konglomerat aus Städten, Vororten und Stadtvierteln.** Allein der Landkreis, das Los Angeles County, umfasst 88 Gemeinden und die Metro Area besteht aus gleich fünf Landkreisen (L.A., Orange, San Bernardino, Riverside und Ventura County) und insgesamt fast 200 Städten und Gemeinden. Was genau wozu gehört und wo liegt, wissen selbst die Einheimischen nicht genau.

Im Folgenden sind die **für Besucher wichtigen Viertel und Regionen** aufgelistet:

> **Downtown** ist das Zentrum und Geschäftsviertel der Stadt, wird durch Wolkenkratzer markiert und ist in den letzten Jahren dank interessanter Museen, Bühnen und Architektur sowie neuer Hotels, Läden und Restaurants im Aufwind.

> **Hollywood** war bis 1910 eine eigene Stadt und ist seither das berühmteste Viertel von L.A., nordwestlich von Downtown gelegen.

> **Westside:** Westlich von Downtown und südwestlich von Hollywood erstrecken sich bis zum Pazifik die Nobelviertel der Stadt, z. B. Wilshire Center, Fairfax, Melrose, Bel Air, Westwood, Century City, Brentwood, Pacific Palisades oder Venice (Venice Beach), aber auch eigene Städte wie West Hollywood, Beverly Hills, Malibu oder Santa Monica. Zentrale Achse ist der **Wilshire Blvd.,** in dessen Umfeld von Downtown bis Santa Monica einige bedeutende Attraktionen liegen.

> **Chinatown** liegt direkt nördlich von Downtown.

> **Griffith Park** ist ein nordwestlich der Innenstadt und nordöstlich von Hollywood gelegener Stadtpark in den Santa Monica Mountains.

> **Westchester/LAX:** Direkt am Pazifik, südlich von Venice gelegen, spielt dieser Stadtteil v. a. wegen des internationalen Flughafens eine Rolle.

❭ **San Fernando Valley** ist ein nördlich von Hollywood und dem Griffith Park gelegenes Tal in den Santa Monica Mountains und Sitz der Universal Studios.

❭ **Harbor Area** meint das Gebiet um den Hafen zwischen San Pedro, Wilmington (Stadtteile von L.A.) und Long Beach.

❭ **Orange County** ist ein Landkreis, der südöstlich von Downtown beginnt und bis zum Pazifik reicht. Zugehörig ist die Metropole Anaheim. „O.C." ist eine touristische Hochburg mit Freizeitparks wie **Disneyland** und **Knott's Berry Farm** sowie **Beach Cities** wie Huntington Beach.

LOS ANGELES FÜR KAUFLUSTIGE

In L.A. geht man nicht einfach mal kurz von einem Laden zum nächsten bummeln und es ist auch nicht so einfach wie z.B. in New York oder San Francisco, von einem Stadtviertel ins andere zu gelangen. Auch Shopping muss in L.A. vorausgeplant werden und man kombiniert am besten Kultur und Sightseeing mit Einkaufen in einem bestimmten Viertel.

EINKAUFSREGIONEN

Es ist unmöglich, alle attraktiven Einkaufsareale der Megalopolis aufzulisten, nachfolgend deshalb nur einige besonders lohnende und leicht erreichbare.

EXTRAINFO

Mehrwertsteuer

Die **Sales Tax** liegt in Los Angeles derzeit bei 9,75 %, für Unterkünfte fallen in der City of L.A. 14 % *Hotel Transient Occupancy Tax* an, im County 10 bis 14 %.

Downtown

❸ [C1] **Chinatown** (www.chinatownla.com): Rund um die Central Plaza am N Broadway zwischen W College St. und Bamboo Lane befinden sich kleine Läden und Lokale, auch erreichbar per Metro Rail (Gold Line „Chinatown").

❿ [C6] **Fashion District:** Verteilt auf 90 Blocks um 9th und Los Angeles St. (www.fashiondistrict.org) gibt es eine Vielzahl preiswerter Mode- und Accessoiregeschäfte.

❭ **Jewelry District** (www.lajd.net): Der „Juwelendistrikt" befindet sich an der Hill St. (5th–8th St.) und südlich des Pershing Square, wo auch ein *farmers' market* (s. S. 19) stattfindet. Im International Jewelry Center (550 S Hill St.) und im St. Vincent's Jewelry Center (645–650 S Hill St.) gibt es günstigen Schmuck. **St. Vincent Court** (7th St., Hill St.–Broadway) ist eine Einkaufsstraße mit Pariser Flair und orientalischen Cafés.

❾ [D4] **Little Tokyo:** An der 1st St. und in mehreren Einkaufszentren wie Japanese Village Plaza (335 E 2nd St.), Little Tokyo Galleria (333 S Alameda St.) oder Weller Court (123 Onizuka St.) gibt es typisch japanische Shops und Lokale.

❶ [D2] **El Pueblo/Union Station** ❷ (Olvera St., www.olvera-street.com): Im historischen (und touristischen) Kern der Stadt befinden sich Souvenirläden neben mexikanischen Lokalen.

Westside

⓰ [h2] **Hollywood & Highland:** Modernes Shoppingcenter an einer Kreuzung mitten in Hollywood, ringsum zahllose Souvenirläden mit weitgehend identischem Angebot.

❭ **Melrose Ave.:** Die „trendige Alternative" zum vornehmen Rodeo Drive. Zwischen San Vicente Blvd. und Fairfax Ave. gibt es trendige Avantgarde- und Secondhandmode (z.B. Aardvark Odd Ark, 7579 Melrose Ave.), Boutiquen und Kunstgalerien sowie Antiquariate wie den Heritage BookStore (8500 Melrose Ave.) und schöne Cafés.

> **W 3rd St./Fairfax District:** Kleine Läden, ausgefallene Boutiquen und Cafés an der 3rd St. zwischen La Cienega und Crescent Heights Blvd. Am westlichen Ende: das Einkaufszentrum **Beverly Center** (s. S. 16), am östlichen **The Grove** (s. S. 16) und etwa in der Mitte der **L.A. Farmers Market** (s. S. 74). Der **Fairfax District** breitet sich zwischen 3rd St., Fairfax und Melrose Ave. aus, neben kleinen Läden und Lokalen befindet sich hier eines der jüdischen Zentren der Stadt.

27 [c3] **Sunset Strip:** Zwischen La Cienega Blvd. und San Vicente Blvd. mit Zentrum um die **Sunset Plaza** – exklusive Läden und Lokale sowie das Shoppingcenter **8000 Sunset Strip.**

28 [a7] **Golden Triangle** wird das Areal um **Rodeo** und **Beverly Drive** genannt. An der Ecke Rodeo Dr./Wilshire Blvd. – „Two Rodeo" – schlägt das Herz des Viertels, am Rodeo Drive reihen sich Topdesignershops auf.

> **Third Street Promenade, Santa Monica:** Fußgängerzone zwischen Broadway und Wilshire Blvd. mit Läden und Lokalen

> **NoHo (North Hollywood) Arts District:** breit gestreutes Angebot an Galerien, Theatern, Boutiquen, Restaurants und Cafés (www.nohoartsdistrict.com) im San Bernadino Valley (nördlich Universal Studios), um die Kreuzung Lankershim/Magnolia Blvd. (Metro Rail Red Line „North Hollywood")

SHOPPINGTIPPS

Einkaufszentren

1 [d6] **Beverly Center,** 8500 Beverly/La Cienega Blvd., 3rd St., West Hollywood, www.beverlycenter.com. 200 internationale Shops, Restaurants, Kaufhäuser wie Bloomingdale's und Macy's, Boutiquen bekannter Designer und Kinokomplex.

2 [df] **Glendale Galleria,** N Central Ave./W Colorado St., Glendale. Vereint zwei Einkaufszentren: die Glendale Galleria (www.glendalegalleria.com) als größeres und älteres mit rund 200 Shops und fünf Kaufhäusern und Americana at Brand (www.americanaatbrand.com) mit Cineplex in großzügigem parkähnlichem Ambiente in Downtown Glendale.

16 [h2] **Hollywood & Highland.** Hier gibt es bekannte Markenboutiquen.

3 [C6] **New Mart,** 127 E 9th St., Fashion District, www.newmart.net. Mall mit einzelnen Shops verschiedener Designer und Marken, die v. a. modische Bekleidung führen.

4 **Ontario Mills,** 1 Mills Circle, Kreuzung I-10/I-15, www.ontariomills.com. Gut 30 Min. von der Innenstadt entfernt, Richtung Osten in Ontario gelegene größte *Outlet Mall* Kaliforniens mit über 200 Stores - ideal für Schnäppchenjäger. Auch Shuttlebusse von großen Hotels.

5 [Seite 83] **Santa Monica Place,** 3rd Street Promenade. Vom Architekten Frank Gehry geplantes Einkaufszentrum (www.santamonicaplace.com), u. a. mit Bloomingdale's, Nordstrom, Boss und Burberry sowie tollem Ausblick vom *Dining Deck.*

6 [f6] **The Grove,** 3rd St./Fairfax Ave. Östlich des L.A. Farmers Market, über 50 Shops und Restaurants im Freien.

7 [bg] **Westfield Century City,** 10250 Santa Monica Blvd., Century Park W– Ave. of the Stars, Century City, www.westfield.com/centurycity. Kaufhäuser sowie viele kleine Shops und Kino.

▶ *Eine von zahlreichen Designerboutiquen am Rodeo Drive* **28**

Mode und Accessoires

8 [d4] **Alexander McQueen,** 8379 Melrose Ave., West Hollywood. Schrille Boutique des Stardesigners mit Frauen- und Herrenmode der gehobenen Kategorie.

9 [dg] **Atmosphere,** 1728 N Vermont Ave. Shop für Schnäppchenjäger, da es preiswerte Mode von lokalen Designern gibt.

10 [Seite 83] **Blues Jean Bar,** 1409 Montana Ave., Santa Monica. „Denim on Tap" – ein Bartender hilft bei der Auswahl der perfekten Jeans.

11 [Seite 83] **Cabaña,** 1511 Montana Ave., Santa Monica. Boutique mit Kleidung von Lilly Pulitzer für Girls jeden Alters.

12 [C6] **California Market Center (cmc),** www.californiamarketcenter.com, 110 E 9th St. Mit Buchladen zu Modethemen im EG. Kleidung von Mode-Studenten werden in Showrooms ausgestellt, am letzten Fr. im Monat ist zu „Sample Sales" die Öffentlichkeit zugelassen und der Run auf die Schnäppchen groß.

13 [C6] **Cooper Building,** 860 S Los Angeles St. Designershops auf sechs Stockwerken. Mit Discount Fashion Center.

14 [B6] **FIDM Museum und Scholarship Store,** www.fidmmuseumshop.com, 919 S Grand Ave. Accessoires aller Art, Schmuck, Handtaschen und Schnickschnack sowie Bücher, stark reduziert. Die Einnahmen werden für Studentenstipendien verwendet.

15 [e4] **Fred Segal,** 8118 Melrose Ave., West Hollywood. Mehrere Boutiquen desselben Labels (Männer und Frauen) unter einem Dach. Angeblich kaufen hier auch die Stars Designermode günstig ein (Filiale: 500 Broadway, Santa Monica).

16 [cg] **It's a Wrap!,** 1164 S Robertson Blvd., Beverly Hills. Verkauf von Filmkostümen zu erschwinglichen Preisen.

17 [C1] **Lion's Den,** 945 Sun Mun Way. Underground-Mode (Schuhe und Kleidung) für Männer und Frauen mit ausgefallenen Marken wie Alife oder Gravis.

011la Abb.: mb

18 [c7] **Lisa Kline,** 136 S Robertson Blvd., Beverly Hills. L.A.-Designerin, bei der auch die Stars einkaufen, Mode und Accessoires, dazu Kindershop (Nr. 123) und Männerladen (Nr. 143).

19 [D7] **Morrie's,** 934 S Maple Ave. Große Namen und ausgefallene Designermode zu günstigen Preisen auf riesiger Fläche und schnell wechselnd. Echte Schnäppchen!

20 [C7] **New Alley,** 11th St., Maple Ave.– Santee St., „Bargain Hunter's Paradise" mit über 1000 günstigen Läden und Straßenverkäufern.

21 [d6] **Polkadots & Moonbeams,** 8367 W 3rd St. Zweigstelle bei Hausnummer 8381. In einem Shop gibt es Designerware, im anderen eine Mischung aus Vintage-Kleidung und Accessoires.

22 [E4] **Raggedy Threads,** 826 E 3rd St. „Vintage clothing" – bequem, erschwinglich und von jeder/m tragbar. Gelegentlich Events und Livemusik.

EXTRATIPP

Shoppingpause im Museum
L.A. ist bekannt für seine ausgefallenen Museumscafés und -shops. Dort gibt es nicht nur Mitbringsel, sondern auch Fachliteratur, Kunsthandwerk, Schmuck, Poster und vieles andere. Kein Café und kein Shop gleicht dem anderen und viele passen ihr Sortiment bzw. ihre Speisekarte an die jeweils laufende Ausstellung an. Herausragend sind z. B. LACMA ㉓, California ScienCenter ⑭, NHM ⑬, MoCA ❼, Getty Center ㉛ und Getty Villa ㉜, Huntington ㊴, Autry National Center ㊲ sowie Craft and Folk Art Museum ㉕.

🔖**23** [C7] **Santee Alley,** zw. Olympic Blvd.–12th St., Maple Ave.–Santee St. Eine Art Fußgängerzone und Basar mit reduzierter Kleidung, Schmuck und Spielwaren.

🔖**24** [c5] **Stella McCartney,** 8823 Beverly Blvd., West Hollywood. Kleidung, Handtaschen, Modeschmuck, Brillen u. a. kreiert von der Beatles-Tochter.

🔖**25** [e6] **Trina Turk,** 8008 W 3rd St. Gut tragbare Mode im Retrolook in ausgefallenen Farben, dazu Accessoires, v. a. Taschen, entworfen von der jungen Designerin aus L.A.

Bücher und Musik

🔖**26** [bk] **Accessories to Murder,** 903 Pacific Coast Hwy., Redondo Beach. Ein Muss für Krimifreunde, außerdem werden „Mystery Dinners" veranstaltet.

🔖**27** [i2] **Amoeba Music,** 6400 W Sunset Blvd. Schallplatten und über eine halbe Million CDs, DVDs und Videos, dazu Liveauftritte von Bands.

🔖**28** [c3] **Book Soup,** 8818 Sunset Blvd., West Hollywood, www.booksoup.com. Ein sehr gemütlicher großer Buchladen, in dem auch literarische Events stattfinden.

🔖**29** [i2] **Hollywood Book & Poster Co.,** 6562 Hollywood Blvd. Laden für Film-, Musik- und Wrestling-Fans. Filmposter, -skripte, -requisiten, -bücher u. Ä.

🔖**30** [C5] **Metropolis Books,** 440 S Main St. Im Old Bank District gelegener unabhängiger Buchladen mit freundlichem Service und Lesungen.

🔖**31** [d6] **Traveler's Bookcase,** 8375 W 3rd St. Kleinerer unabhängiger, auf Reiseliteratur spezialisierter Buchladen.

Lebensmittel

🔖**32** [g3] **BevMo,** 7100 Santa Monica Blvd., West Hollywood. Hervorragend sortierter Getränkeladen mit Sonderangeboten. Teil einer Mall mit Läden und Büro des CAA (Automobilklub).

🔖**33** [g7] **La Brea Bakery,** 624 S La Brea Ave. Laden mit tollen Broten und großartigem Gebäck, Sandwiches und Torten.

🔖**34** [B6] **Ralph's,** 600 W 9th St. Günstig in Downtown gelegener Supermarkt mit breitem Sortiment an Frischwaren, Weinen sowie Imbiss.

🔖**35** [e2] **Trader Joe's,** 8000 W Sunset Blvd., West Hollywood. Filiale der in den späten 1950er-Jahren gegründeten Bio-Lebensmittelkette (inzwischen zu Aldi gehörig).

🔖**36** [Seite 83] **Whole Foods,** 500 Wilshire Blvd., Santa Monica. Filiale des verbreiteten gut sortierten Biosupermarkts. Eine weitere Filiale befindet sich gegenüber dem L.A. Farmers Market (s. S. 74).

Wochenmärkte

Am bekanntesten sind der **L.A. Farmers Market** (s. S. 74) und der **Grand Central Market** ❽. An bestimmten Wochentagen, vielfach allerdings nicht während der Wintermonate, finden verschiedene weitere Wochenmärkte statt, u. a.:

🔖**37** [A6] **7+Fig FM,** 735 S Figueroa St., www.7fig.com, Do. 11–15 Uhr. Läden und Imbissstände sowie Modeschauen, Kunstausstellungen u. a. Events.

🔴 **38** [B4] **Bank of America Farmers' Market,** 335 S Hope St./Bank of America Plaza, Fr. 11–15 Uhr

🔴 **39** [a6] **Beverly Hills Farmers' Market,** Civic Center Dr., 9300er-Block, So. 9–13 Uhr

❯ **City Hall Farmers Market,** an der City Hall ❹, Do. 10–14 Uhr, Infos im Web www.downtownfarmersmarket.org. Außer Gemüse und Obst auch Feinkost und Backwaren sowie Kunsthandwerk.

🔴 **40** [i2] **Hollywood Farmers' Market,** Ivar and Selma Ave., So. 8–13 Uhr

🔴 **41** [B5] **Pershing Square Farmers Market,** 532 S Olive St., Mi. 11–14 Uhr. Gut zum Einkaufen und für einen Imbiss.

🔴 **42** [Seite 83] **Santa Monica Farmers' Market,** 2640 Main St./Ocean Park Blvd., So. 9.30–13 Uhr

❯ **Weitere Märkte** sind im Internet unter www.farmernet.com, www.experiencela.com/markets und www.rawinspiration.org aufgelistet.

Verschiedenes

🔴 **43** [D3] **Anzen Hardware,** 309 E 1st St. Japanladen, der seit 1949 besteht. U. a. Werkzeuge und Messer, Haushaltswaren und Kochutensilien, Bonsaizubehör.

🔴 **44** [C4] **Farmacia y Botánica Million Dollar,** 301 S Broadway. Kräuter und die kuriosesten und abstrusesten Heilmittel, dazu Geschenkartikel aller Art.

🔴 **45** [e6] **Flight 001,** 8235 W 3rd St./S Harper Ave. Zubehör für Traveler, praktische Taschen und alles, was man sonst auf Reisen braucht.

🔴 **46** [C1] **Flock Shop,** 943 N Broadway. Kleiner Laden mit Überraschungen wie geschnitzten Ohrringen, handbemalten T-Shirts, Kerzen und lokaler Kunst.

🔴 **47** [g3] **High Voltage Tattoo,** 1259 N La Brea Ave., West Hollywood. Kat Von D's Tattoo Shop, in dem es außer kunstvollen Tattoos auch T-Shirts, Accessoires und Poster gibt.

🔴 **48** [C1] **Wing Hop Fung,** 727 N Broadway. Zweistöckiges Kaufhaus mit chinesischen Geschenken und Kräutern, Tees und anderen Spezialitäten, Geschirr und Küchengerätschaften.

LOS ANGELES FÜR GENIESSER

Die kulinarische Szene im Großraum Los Angeles gleicht einem bunten Eintopf, in dem mexikanische, asiatische, orientalische, europäische, pazifische und indianische Zutaten sich zu einem schmackhaften Ganzen vermischen.

Es gibt in L.A. **mehrere Zentren**, in denen geballt Restaurants zu finden sind, z. B. **Downtown, Hollywood** und die **Westside.** Für den **preiswerten Imbiss** ist in Downtown der Broadway ideal, v. a. der **Grand Central Market** ❽, wo es Tortillas, Burritos u. Ä. supergünstig gibt. Auch Old Town ist für Mexikanisches bekannt, allerdings ist es dort teurer. **Little Tokyo** ❾ ist perfekt für einen asiatischen Imbiss wie z. B. eine Nudelsuppe und

PREISKATEGORIEN

Annäherungswert für ein Dinner (Fleisch oder Fisch) mit Beilagen (manchmal zusätzlich Salat), ohne Getränk, Trinkgeld und Mehrwertsteuer. Lunch (Mittagessen) ist in Restaurants oft günstiger.

$	unter $ 10
$$	$ 10–20
$$$	über $ 20

schickere kleine Restaurants und Cafés sind im **Fashion District** ⑩ zu finden. Im Fairfax District bietet der L.A. Farmers Market (s. S. 74) eine Vielzahl von Ständen mit Essen und Trinken. Die Preise in Hollywood und der Westside sind gehoben, schließlich speisen hier die Stars. Preiswert sind Diner und Imbisslokale, auch in **Malls** wie Universal CityWalk (s. S. 70), Hollywood & Highland ⑯ oder Beverly Center (s. S. 16) zu finden.

RESTAURANTTIPPS

Fine Dining

🍴**52** [a6] **Bouchon** $$$, 235 N Canon Dr., Beverly Hills, Tel. 310 2719910. Dreisternelokal von Starkoch Thomas Keller mit kreativen Gerichten, genannt „French Bistro".

🍴**53** [c3] **Boxwood Café/Gordon Ramsey's** $$$, 1020 N San Vicente Blvd., West Hollywood, Tel. 1 866 2824560. Gordon Ramsay, bekannt als Kochbuchautor und TV-Chef, steht in der Küche der zum London West Hollywood Hotel gehörigen Cafés (Frühstück/Lunch/Tea) und Restaurants (Dinner).

🍴**54** [i4] **Providence** $$$, 5955 Melrose Ave., Tel. 323 4604170, tgl. Dinner, nur Fr. Lunch. Höchst kreative Kost, fast schon Kunstwerke auf dem Teller. Seafood als besonderer Tipp.

🍴**55** [bg] **Westside Tavern** $$$, 10850 W Pico Blvd., Westside Pavilion (Shopping Mall), Tel. 310 4701539. Chefkoch Warren Schwartz bereitet moderne amerikanische Gerichte mit bevorzugt lokalen und saisonalen Produkten. Es gibt eine Vielzahl kalifornischer Biere und gute Cocktails von „Mixologist" Ryan Magarian.

Amerikanisch-kalifornische Küche

🍴**56** [d3] **Café la Bohème** $$, 8400 Santa Monica Blvd., Tel. 323 8482360. Eher elegante Atmosphäre und lange Öffnungszeiten. Amerikanische Küche mit asiatischem Touch, günstiges Festpreismenü (3 Gänge $ 26). Nur Dinner.

🍴**57** [A7] **Farm of Beverly Hills at L.A. LIVE** $$, 800 W Olympic Blvd., Downtown, Tel. 213 7474555, weitere Filialen in Beverly Hills und The Grove. Innovative amerikanische Küche zum Frühstück, mittags und abends. Bevorzugt farmfrische Zutaten und Hausmacherkost *(comfort food)*. Lohnend sind z. B. das *BBQ Beef Brisket Sandwich* oder der *Farm Turkey Meatloaf* (Putenhackbraten).

EXTRATIPP

Dine L.A.

Ende Januar/Anfang Februar gibt es werktags in Los Angeles Gelegenheit, die richtig guten, teuren Restaurants im Rahmen von „Dine L.A." zum Schnäppchenpreis kennenzulernen. Es gibt drei Kategorien: $ 16/22/28 für Lunch, $ 26/46/44 fürs Abendessen, je nach Restaurant. Eine vollständige Liste findet sich unter http://discoverlosangeles.com/ restaurantweekv2/index.jsp. Tipps zu den gerade angesagten Restaurants gibt es unter http://la.eater.com.

⑩**58** [d4] **Koo Koo Roo** $-$$, 8520 Santa Monica Blvd., West Hollywood. Hier wurde das gegrillte Hähnchen erfunden. Filialen in Santa Monica (2002 Wilshire Blvd.) und 301 N Larchmont Blvd.

⑩**59** [i2] **Musso & Frank Grill** $$-$$$, 6667 Hollywood Blvd., Tel. 323 4677788. Ehemaliges *Hollywood Clubhouse,* in dem schon William Faulkner saß und in dem Schauspieler ein- und ausgingen. Fleisch und Fisch, amerikanische Klassiker, gute Cocktails.

⑩**60** [C4] **Pete's Café & Bar** $-$$, 400 S Main St., Tel. 213 6171000. Lokal im eher altmodischen Stil, von Locals frequentiert. Moderne amerikanische Küche, u. a. Burger und *Killer Blue-Cheese Fries.*

⑩**61** [h2] **Pig 'n' Whistle**, 6714 Hollywood Blvd., Tel 323 4630000. Institution am Egyptian Theatre von 1927, in der man sich zu Lunch oder Dinner und am Wochenende auch zum Tanz trifft.

012ia Abb.: mb

Mexikanische Küche

⑩**62** [dg] **Barragan's** $-$$, 1538 W Sunset Blvd., Tel. 213 2504256. Mexikaner, den es seit 1961 gibt. Margarita Wednesdays, Happy Hour 16–19.30 Uhr, *Breakfast Specials.* Bekannt für billige Kombogerichte, Enchiladas und Tacos, aber auch viele preiswerte Sandwiches.

⑩**63** [Seite 83] **Border Grill** $$$, 1445 4th St., Santa Monica, Tel. 310 4511655. Eher feiner, hipper Mexikaner, auch preislich gehoben, Chefköche sind Sue Milliken und Susan Feniger, bekannt aus dem Fernsehen als „Too Hot Tamales". Unter ihrer Regie ist auch das El Cholo.

⑩**64** [cg] **El Cholo** $$, 1121 S Western Ave., Tel. 323 7342773. Relativ bodenständiger und preiswerter Mexikaner in Hollywood mit Terrasse und Bar. Serviert seit 1927 Tacos und legendäre Margaritas, große Portionen.

⑩**65** [D2] **La Golondrina Cafe,** 17 Olvera St., Tel. 213 6284349. La Golondrina Cafe geht auf das Jahr 1924 und den mexikanischen Immigranten Consuelo de Bonzo zurück. Sein „La Misión Cafe" zog 1930 in die Olvera Street, genauer, in das historische Pelanconi House um. Das Lokal gilt als erstes authentisches mexikanisches Restaurant in L.A.

► *Das Pig 'n' Whistle ist ein seit 1927 bestehendes Restaurant mit Geschichte*

Mediterrane Küche

66 [g4] **Angeli Caffe** $$-$$$, 7274 Melrose Ave., Tel. 323 9369086. Gemütlich wie in Italien, rustikale toskanische Küche mit kalifornischem Flair, von Antipasti und Pizza über Spaghetti und Calzone bis zu Zitronenhühnchen. Die Besitzerin und Köchin Evan Kleiman ist Autorin mehrerer Kochbücher und tritt in TV-Shows auf.

67 [B6] **Bottega Louie Restaurant & Market** $-$$, 700 S Grand Ave., Tel. 213 8021470. Restaurant mit kleiner Bar, v. a. kommt man zum Frühstück bzw. Brunch speziell wegen des frischen Backwerks hierher. Ansonsten Pizza, Pasta, Salate und Sandwiches.

68 [b6] **Il Cielo** $$, 9018 Burton Way, Beverly Hills, Tel. 310 2769990. „Country Restaurant in the City" – klassischer Italiener mit herzhafter Küche und einfachen, aber qualitativ hochwertigen, frischen Ingredienzien. Besonders empfehlenswert: Pasta, Foccacia und Antipasti.

69 [h4] **Pizzeria Mozza** $$, 641 N Highland Ave., Tel. 323 297 0101. Hotspot der Kochstars Nancy Silverton, Mario Batali und Joseph Bastianich. Relativ günstige Weinliste.

Asiatische Küche

70 [D4] **A Thousand Cranes** $$, 120 S Los Angeles, Tel. 213 6291200. In dieser Sushi- und Tempura-Bar im New Otani Hotel gibt es erschwingliche japanische Küche. Schöner Blick von den Gasträumen auf den japanischen Garten.

71 [cg] **Bann Restaurant** $$, MaDang Courtyard, 621 S Western Ave., Koreatown. Ein koreanisches Lokal in einer neu eröffnete Mini-Shoppingmall. Tgl. 16–19 Uhr Happy Hour mit günstigen exotischen Cocktails und Häppchen, empfehlenswertes koreanisches Hühnchen.

EXTRATIPP

French dipped oder double-dipped?

Im seit 1908 in Familienbesitz befindlichen Lokal Philippe werden lokale Produkte in familiärer Atmosphäre, preiswert und in riesigen Portionen serviert. Angeblich wurden hier 1918 von Phillipe Mathieu die „**french dipped sandwiches**", in Soße getunkte belegte Brötchen, erfunden. Henry Cole beanspruchte ebenfalls das „Copyright" und behauptet, 1908 in „Cole's PE Buffet" das erste in Soße getauchte Sandwich serviert zu haben. Kenner verlangen „**double-dipped**", d. h., die Semmel mit Rindfleisch wird etwas länger eingetaucht. Die Tasse Kaffee dazu gibt es für 10 c. Ebenso legendär sind die „**pickled pigs' feet**" (eingelegte Schweinepfötchen) mit hausgemachtem Senf.

77 [C5] **Cole's**, 118 E 6th St.

78 [C2] **Philippe**, 1001 N Alameda/Ord St., Chinatown

72 [d7] **Gonpachi** $$, 134 N La Cienega Blvd., Beverly Hills, Tel. 310 6598887. Authentisch-japanische Küche in ebensolchem Ambiente. Soba-Nudeln, frisch gemacht, dazu umfassende Sake-Liste.

73 [d3] **Yatai** $-$$, 8535 W Sunset Blvd. West Hollywood, Tel. 310 2890030, www.yatai-bar.com. „Pan-asian food", d. h. vielerlei Rolls, Tapas und Sashimi, 18–19 Uhr Happy Hour mit Appetizern zu $ 3. „Yatai" heißt „Straßenimbissstand", hier kann man jedoch in eher schickem Ambiente sitzen.

Fischküche

74 [Seite 83] **Enterprise Fish Co** $$, 174 Kinney St., Santa Monica. Hervorragendes frisches Seafood aller Art, auch Steaks oder Huhn. Patio zum Draußensitzen sowie Sushi- und Austernbar.

○75 **Gladstone's 4 Fish** $$, 17300 Pacific Coast Hwy., Malibu. Hier gibt es fangfrisches Meeresgetier aller Art, frisch auf dem Holzkohlegrill zubereitet, schön zum Sitzen im Freien mit Meerblick.

○76 [B5] **Water Grill** $$-$$$, 544 S Grand Ave., Tel. 213 8910900. David LeFevre ist der Chefkoch im besten Seafood-Lokal der Stadt, eher teuer.

Weltküche

🍴79 [bf] **Brat Brothers Gourmet Sausage Grill** $$, 13456 Ventural Blvd., Sherman Oaks. Schon zum Frühstück vielerlei Würste – traditionell und exotisch –, auch vom Hirsch oder Känguru. Österreichische und „bayerische" Spezialitäten.

🍴80 [i2] **District on Sunset** $-$$, 6600 Sunset Blvd. George Abou-Daoud betreibt ein Lokal mit Weinbar und Delikatessenladen. Hausgemachte Backwaren und erlesene kleine Speisekarte, von der „Duck-fat Yorkshire Pudding" am beliebtesten ist.

🍴81 [C6] **Woodspoon**, $-$$,107 W 9th/Spring St., Tel. 213 6291765. Preiswerte brasilianische Küche mit frischen Ingredienzien regionaler Herkunft. Ein Tipp sind die *Chicken Pot Pies*. Hangout für Locals und Kunstliebhaber.

🍴82 [E4] **Wurstküche** $-$$, 800 E 3rd St. Hot Dogs, Sandwiches und auch viel Vegetarisches. Bekannt für Würste mit verschiedenen Toppings von Sauerkraut über Zwiebelringe und Paprika, im Brötchen serviert.

Vegetarisches

Die gesunde, leichte Küche Kaliforniens hat zur Folge, dass es in so gut wie jedem Lokal ein Angebot an vegetarischen und oft auch veganen Gerichten gibt. Besonders groß ist die Auswahl z. B. bei:
> **Farm of Beverly Hills** (s. S. 20). Hier gibt es farmfrische Zutaten und *comfort food*.

🍴83 [d3] **Green Leaves** $-$$, 8351 Santa Monica Blvd., West Hollywood. Vegane und vegetarische Kost, Lunch Specials. Viele Sojaprodukte, Salate, Suppen, Sandwiches und Burger (Soja), Nudelgerichte sowie Frühstück.

🍴84 **Leonor's Mexican Vegetarian Restaurant** $-$$, 11403 Victory Blvd., North Hollywood. Mexikanisches und Vegetarisches in großer Auswahl, dazu gemütliche Atmosphäre.

🍴85 [B4] **Mixt Greens** $, 350 S Grand Ave. Mixt Greens ist auf Salate aller Art spezialisiert, teils aus dem eigenen Garten, außerdem Sandwiches, organisch und vegetarisch u. v. a.

🍴86 [C6] **Tiara Café** $-$$,127 E 9th St., Tel. 213 6233663. Kalifornisch angehauchte Gerichte, darunter viel Vegetarisches.

Delis, Diners und Hot Dogs

🍴87 [f4] **8 Oz. Burger Bar**, 7661 Melrose Ave. Exotische Burgerkombinationen – für Fleischliebhaber ist der 8 oz Burgers ($ 10) ideal. *Angus Beef* aus artgerechter Haltung, auch Geflügelburger und „make your own burger". Cocktails, Wein und Bier.

EXTRATIPP

Essen mit Ausblick
> **Restaurant at the Getty** (s. S. 79), Tel. 310 4406810. Eher gediegene Atmosphäre und Superblick auf die Stadt und die Santa Monica Mountains. Saisonale Menüs und erlesene Weinkarte.
> **Rose Garden Tea Room,** The Huntington ③⑨. Tee und Teegebäck, Sandwiches und Salate in viktorianischem Ambiente mit Blick auf den Rosengarten.
> **Gladstone's 4 Fish** (s. S. 23). Seafood-Restaurant an der Waterfront von Long Beach.

88 [C7] **Alley Dogs,** 317 E 12th St. Überall in der Stadt verteilte Stände, bekannt für den *Bacon Wrapped Hot Dog* – speckumwickelte Wurst in der Semmel mit Zwiebelringen.

89 [d3] **Carney's,** 8351 W Sunset Blvd. Der große Konkurrent von Pink's (s. S. 24). Seit 1968 bekannt für seine Chilidogs.

90 **Cupid's Hot Dogs,** im House of Brews, 231 N Maclay Ave., San Fernando. 1946 von Richard und Bernice Walse als bescheidener Stand in Hollywood gegründet, heute US-weite Kette. Neben Hot Dogs auch gutes Chili.

91 [d7] **Ed Debevic's,** 134 N La Cienega Blvd. Dieser seit den 1950er-Jahren existierende Diner ist bekannt für seine Burger, für Chili, die Salatbar und die Desserts, alles in preiswerten großen Portionen.

92 [d6] **Joan's on Third,** 8350 W 3rd St. Ideal für einen „quick lunch". *Cupcakes,* v. a. *Coconut,* sind als Nachtisch empfehlenswert!

93 [a6] **Nate'n Al,** 414 N Beverly Dr. Eines der beliebtesten, alteingesessenen Delis von Beverly Hills, in dem auch Stars eine *Matzo Ball Soup,* Rippchen oder Corned-Beef-Sandwich bestellen.

94 [ch] **Pann's,** 6710 La Tijera Blvd. Dieser seit 1958 in griechischem Besitz befindliche Diner ist auch architektonisch, als Beispiel für Googie-Architektur (s. S. 36), eine Legende. Zum Frühstück bekommt man hier Waffeln, *Pancakes, Eggs Benedict, French Toast* u. a. Spezialitäten, ganztägig gibt es Burger, Salate, Sandwiches und Ice-Cream-Drinks sowie tgl. wechselnde Specials.

95 [g4] **Pink's Famous Chili Dogs,** 709 N La Brea Ave. Seit 1939 gibt es hier Hot (und Chili) Dogs, für die selbst Prominente anstehen.

96 [d5] **Soda Pop's,** 349 N La Cienega Blvd. Lange Bar und einzelne Tische, Selbstbedienung. Sandwiches und Salate und dazu eine Riesenauswahl an Limos.

013la Abb.: mb

Cafés

Empfehlenswerte und verbreitete Kaffee- und Bäckerei-Ketten sind **Corner Bakery** (www.cornerbakerycafe.com), **Panera Bread** (Website: www.panerabread.com) und **Coffee Bean & Tea Leaf** (www.coffeebean.com).

Eine Liste mit **Coffeeshops,** gegliedert nach Stadtvierteln, die über **Gratis-WLAN** verfügen, findet sich unter www.wififreespot.com/ca.html. Auch die meisten „regulären" Cafés, wie alle nachfolgend erwähnten, verfügen über Wireless Internet (in der Regel kostenlos).

97 [dg] **Café Tropical,** 2900 W Sunset Blvd. Kubanisches Café mit frischen Backwaren und Empanadas (Fleisch-

Für den späten Hunger

106 [bg] **Cacao Coffee House,** 11609 Santa Monica Blvd., tgl. 18–3 Uhr. Kakao und Kaffee zum Durchhalten, aber auch Frappés, *Mochas* und *Swirls* (Drinks aus meist gefrorenem Fruchtsaft).

> **Du-par's,** L.A. Farmers Market (s. S. 74). Lokal mit eigener Bäckerei und günstigen Preisen während der Happy Hour.

107 [dh] **Farmer Boys,** 726 S Alameda St. Altmodischer Burgerspot, auch Kindermenüs, Sandwiches, Salate und Frühstück sowie Gegrilltes, rund um die Uhr und preiswert.

108 [dg] **Original Tommy's,** 2575 W Beverly Blvd. Bekannt für seine Chili Burger, 24 Stunden geöffnet, mehrere Filialen.

pasteten), gemütlich und lebhaft, dazu guter Kaffee.

98 [e6] **Doughboys,** 8136 W 3rd St. Kuchen und Frühstück in schlicht-hippem Dekor. Bekannt für *Morning Pizza,* Sandwiches und *Velvet Cake.*

99 [B7] **Hygge Bakery,** 1106 S Hope St. Bekannt für *Danish Pastries* (Hefeteilchen), Mo.–Sa. Frühstück und Lunch.

100 [dg] **Intelligentsia Coffee,** 3922 W Sunset Blvd. Hier steht der Kaffee im Mittelpunkt, ungewöhnliche Mischungen in Topqualität.

101 [Seite 83] **Jin Patisserie,** 1202 Abbot Kinney Bvd., Venice. Bekannt für himmlische Desserts und Gebäck mit Schokolade, Filiale im InterContinental Hotel (s. S. 122).

102 [d5] **Kings Road Café,** 8361 Beverly Blvd. Kaffeeladen und Lokal, in dem es von Frühstück bis zu vollen Gerichten alles gibt. Highlight ist der frisch geröstete Kaffee.

103 [C4] **Lost Souls,** 124 W 4th St. Hangout mit Frühstück, Sandwiches, Hummus, Gebäck und Kaffee.

SMOKER'S GUIDE

Raucher haben es in L.A. nicht leicht, denn der Genuss von Zigaretten ist auf den meisten öffentlichen Plätzen und Gebäuden, in Nahverkehrsmitteln und Taxis, am Arbeitsplatz, auf Bahnhöfen und auch in der Mehrzahl von Restaurants und Bars **verboten.** Die Missachtung des Rauchverbots gilt keinesfalls als Kavaliersdelikt! In Klubs oder Discos gibt es manchmal **Raucher-Patios** im Freien. In Stadien (d. h. Open-Air) gibt es kleine ausgewiesene **Raucherzonen.** In sogenannten **Tobacco oder Cigar Bars,** in **Tabakgeschäften** sowie in einigen **privaten Klubs** ist das Rauchen gestattet, außerdem offerieren etliche **Hotels** noch „smoking rooms" (vorher nachfragen).

109 [C4] **2nd St. Cigar Lounge & Gallery,** 124 W 2nd St. Laden, Galerie und Raucherlounge (bequeme Sofas, TV, Gratis-WLAN) in einem, dazu Cigar-Tasting-Veranstaltungen.

110 [B7] **J Restaurant & Lounge,** 1119 S Olive St. Loft-Atmosphäre und lange Bar, Open-Air-Cigar-Lounge und Blick auf die Downtown Skyline vom Patio aus. Moderne mediterran-amerikanische Küche.

104 [g5] **Susina,** 7122 Beverly Blvd./N La Brea Ave. Tolle Bäckerei im Wiener Kaffeehausstil, serviert werden auch prima Salate.

105 [c4] **Urth Caffe,** 8565 Melrose Ave. Organische Kaffees, Tees und vegane Desserts. Auch Stars gehen hier ein und aus. Weitere Filialen in Santa Monica und Beverly Hills.

◀ *Mel's Drive-In (s. S. 69) war einst Drehort von „American Graffiti"*

LOS ANGELES AM ABEND

L.A. ist mit Nightclubs, Discos und Livemusikbühnen reich gesegnet, dazu kommt eine Vielzahl an Bars und Pubs. Die Szene ist insgesamt eher „gehoben" und teuer. Aber auch was Theater und Konzerte angeht, kann sich die Stadt sehen lassen.

Hollywood und der **Sunset Strip** gelten als die Nightlife-Zentren von Los Angeles, daneben sind Viertel wie Silver Lake, Los Feliz und Echo Park beim trendigeren, jüngeren Publikum beliebt. Mit **L.A. LIVE** ⓫ und den dort eingezogenen Klubs und Bars (wie dem Club Nokia, s. S. 29), aber auch dank alteingesessener Klubs wie Golden Gopher (s. S. 27) blüht auch in **Downtown** das Nachtleben. Für viele Angelenos sind **Hotelbars** der beliebteste Ort, sich auf einen Drink zu treffen. In Beverly Hills ist die Atmosphäre am exklusivsten, mit **Türsteher** und

dress code, doch auch sonst achtet man auf korrekte Kleidung. **Alkoholgesetze** werden ernst genommen: Erst ab einem Alter von **21 Jahren** darf man Alkohol trinken und ab 2 Uhr nachts wird nichts Alkoholisches mehr ausgeschenkt.

Da das Nachtleben in L.A. überaus **schnelllebig** ist, empfiehlt es sich, vor der Abendplanung Infos in **LA Weekly** (www.laweekly.com) oder **Metromix** (www.losangeles.metromix.com) einzuholen.

▲ *Downtown putzt sich bei Nacht besonders heraus*

NACHTLEBEN

Bars

❼111 [e6] **A/O/C,** 8022 W 3rd St., West Hollywood. Weinbar und Restaurant mit kreativer Küche, Spezialitäten aus dem Holzofen, Käse- und Wurstplatten, besonders für die exklusive Weinkarte bekannt.

❼112 [i2] **Beauty Bar,** 1638 N Cahuenga Blvd. Bar im Retrostil mit Happy Hour und ungewöhnlichen Martinis.

❼113 [Seite 83] **Cameo Bar** im Viceroy Hotel, 1819 Ocean Ave., Santa Monica. Am Abend Kerzenlicht, tagsüber relaxen am Pool beim coolen Drink. DJs treten Fr./Sa. auf und Mo.–Fr. 17–21 Uhr Cocktail-Happy-Hour.

❼114 [Seite 83] **Copa d'Oro,** 217 Broadway, Santa Monica. „Design-your-own cocktails" mit verschiedenen Alkoholika, Früchten, Kräutern etc., dazu kleine Gerichte und Panini.

❼115 [B7] **Corkbar,** 403 W 12th St. Die ultimative Weinbar in Downtown mit vorwiegend kalifornischen Tropfen (glasweise) sowie kleiner Speisekarte.

❼116 [B6] **Golden Gopher,** 417 W 8th St. Alteingesessene rustikal-dunkle Downtown-Bar mit Kronleuchtern und Jukebox, Do./Fr. 17–20 Uhr Happy Hour. Es wird auch Alkohol „zum Mitnehmen" angeboten.

❼117 [i2] **La Velvet Margarita Cantina,** 1612 Cahuenga Blvd. Optisch ist die Bar eine eigenartige Mischung aus Mexican-Gothic Style. Die Margaritas sind erstklassig und erschwinglich!

❼118 [B5] **Library Bar,** 630 W 6th St. Hier gibts Bücherregale, bequeme Sofas und Sessel, beliebt zur Happy Hour (Biere vom Fass und Glasweine), auch kleine Gerichte.

❼119 [C1] **Mountain Bar,** 473 Gin Ling Way. Postmoderner hipper Hangout in ausgefallenem Design in Chinatown. Beliebter Treff für Poeten, Künstler und Hipster zum Abendschoppen, auch DJs.

❼120 [B6] **O Bar & Kitchen,** 819 S Flower St. In der Lobby des O Hotels gibt es Cocktails und am Wochenende treten Bands auf. Dazu kalifornisch-mediterrane Speisekarte mit vielerlei Tapas.

❼121 [B5] **Rooftop Bar at The Standard,** 550 S Flower St. Im Standard Downtown Hotel befindliche Bar, die bei jungem Publikum als hip und angesagt gilt.

❼122 [d5] **The Roger Room,** 370 N La Cienega Blvd., West Hollywood. „Speakeasy" (zu Prohibitionszeiten war hier ein heimlicher Alkoholausschank) mit kreativen Cocktails wie „Zucker und Zimt" oder „The Dame".

❼123 [C5] **The Varnish,** 118 E 6th St. Moderne Speakeasy-Bar in Downtown, kleiner Raum hinter dem Imbiss Cole's (s. S. 22), bekannt für die wohl besten Cocktails. Dunkel und mit spezieller Atmosphäre.

Pubs

❽124 [eg] **Barbara West Bar & Restaurant,** 620 Moulton Ave. Bistro in Künstlerviertel nahe Downtown, preiswert und gemütlich, 10 Biere vom Fass, außerdem Cocktails.

❽125 [i2] **BOHO,** 6372 W Sunset Blvd. Gastropub mit beliebter Happy Hour, für die Bohemians in Hollywood, aber nicht nur für sie …

❽126 [h2] **Essex Public House,** 6683 Hollywood Blvd. Bierparadies mit Freiplätzen und um die 50 von „Beer Chick" Christina Perozzi ausgewählten Bieren, dazu Burger oder Rippchen.

❽127 [e3] **The Surely Goat,** 7929 Santa Monica Blvd. Neighborhood-Bar in West Hollywood mit großer Bierauswahl, besonders empfehlenswert sind Eaglegoat Bock und Speakeasy Public Enemy Pils von der Eagle Rock Brewery (http://eaglerockbrewery.com).

❽128 [D4] **Weiland Brewery & Weiland Brewery Underground,** 400 E 1st St. Im Financial District gelegener gemütlichschlichter Pub mit Happy Hour (tgl. 15–19 und 22 Uhr bis Schließung). Gutes, relativ preiswertes Essen. Filiale: 505 S Flower St.

Discos und Klubs

❶129 [d4] **Area,** 643 N La Cienega Blvd./Melrose Ave., West Hollywood, www.sbeent.com/area, tägl. außer So. „Star-spotting" ist in diesem berühmten Night-club der Hit und dafür zahlt man überteu-erte Preise und nimmt Warteschlangen in Kauf.

❶130 [i2] **Avalon,** 1735 Vine St., www.avalonhollywood.com. Megaklub mit über 1100 Plätzen, drei Bars und Rau-cherterrasse in einem höhlenartigen Theater von 1927. V. a. Dance/Techno, Electro, House, Pop, Top-DJs wie Sander Kleinenberg, Carl Cox, Erick Morillo, Boo-ka Shade oder Dirty South ebenso wie Bands oder Tanzmusik. Gutes Sound-system, sehr laut.

Klub-Know-how

Die Klubszene in L.A. kann insgesamt als **upscale,** als „(ab)gehoben", bezeichnet werden. Die Klubs sind meist sehr groß und beliebt sind „Saturday Night Parties". **Bottle service** ist verbreitet, was bedeutet, dass man, um einen Tisch zu bekommen, in vielen Klubs eine Flasche Alkohol zu über-teuerten Preisen kaufen muss. Die **Cock-tailpreise** liegen in den Topklubs bei $ 20 aufwärts. **Türsteher, dress code** und **Warte-schlangen** sind Usus. Viele Klubs öffnen nicht vor 21/22 Uhr, die meisten schließen (zumindest werktags) um 2 Uhr. In Topklubs fallen zudem hohe **Gebühren fürs Parken** ($ 10 aufwärts) an. Musikbühnen verlangen **cover fee** (Eintrittsgebühr, die manchmal mit Getränken verrechnet wird). Gelegent-lich sind *outdoor smoking patios,* Raucher-areale im Freien, üblich.

❶131 [i2] **Cinespace,** 6356 Hollywood Blvd., www.cinespace.info. Hier kommt man noch relativ einfach rein und kann dennoch mit Glück Stars sehen. Breit ge-streutes Musikspektrum von Indie-Rock über Progressive bis zu Tech-House-Parties.

❶132 [A7] **Conga Room at L.A. LIVE,** 800 W Olympic Blvd., www.congaroom.com. Latino Stars Jimmy Smits, Jennifer Lo-pez und Sheila E. sind Besitzer dieses Latin-Musikklubs mit 1100 Plätzen und Restaurant. Electronica am Di., Salsa-Band Do./Sa.

❶133 [C4] **La Cita,** 336 S Hill St., 3rd–4th St., Downtown, www.myspace.com/lacitabar. Mexikanischer Klub der alten Schule mit Bar, Restaurant und Dance-floor sowie Outdoor Patio. Auftritte be-kannter DJs, Rock'n'Roll, Rock, Reggae, Electro und Merengue.

❶134 [dg] **The Echo,** 1822 Sunset Blvd., www.attheecho.com. Hipster-Klub in Echo Park, in dem Indie, Dub Reggae und Electronica dominieren, dazu Rock und Soul. Im Untergeschoss (Zugang: 1154 Glendale Blvd.): Echoplex – Reg-gae, Dub und Dance Hall Music. Beide Klubs sind chronisch voll und heiß.

❶135 [j2] **Vanguard Hollywood,** 6021 Hollywood Blvd., www.vanguardla.com. Megaklub in hippem Design für die ulti-mative „dance club experience". Top-DJs und Livebands, House, Electronic u. a. in ehemaligem Lagerhaus.

Livemusik – Rock und Pop

❷136 [b3] **Roxy,** 9009 Sunset Blvd., West Hollywood, www.theroxyonsunset.com. Legendärer Klub, in dem schon Bruce Springsteen und Guns N' Roses auftra-ten. Jetzt v. a. Metal, Punk, Indie, gele-gentlich auch lokale Künstler. Bar und Restaurant.

❷137 [dg] **Spaceland,** 1717 Silver Lake Blvd., www.clubspaceland.com. Eine weitere „Legende" in L.A., spezialisiert auf Indie, Mo. lokale Bands. Raucherabteilung.

⊖**138** [b5] **Troubadour,** 9081 Santa Monica Blvd., West Hollywood. Besteht seit 1957, Stars wie Randy Newman, Elton John, Tom Waits, Interpol und Franz Ferdinand begannen hier ihre Karrieren. Guter Sound und viel zu sehen, www.troubadour.com.

⊖**139** [c3] **Whisky a go go,** 8901 W Sunset Blvd., West Hollywood. Der Klassiker der Hardrockszene. Die Doors, Janis Joplin oder Led Zeppelin standen hier schon auf der Bühne, www.whiskyagogo.com.

Livemusik – Jazz, Blues und Sonstiges

⊖**140** [h2] **Catalina Bar & Grill,** 6725 Sunset Blvd., www.catalinajazzclub.com. Di.–Sa. 20.30 und 22.30, So. 19.30 und 21.30, mit Bar und Restaurant. Eher modern-elegant und klein, bekannt für Jazz und Jazzfusion.

⊖**141** [Seite 83] **Harvelle's,** 1432 4th St., Santa Monica, www.harvelles.com. Tgl. Liveblues, gelegentlich aber auch Funk und Jazz in gemütlicher Bar-Lounge (mit eigener Martini-Karte!), an Wochenenden voll.

⊖**142** [Seite 83] **Zanzibar,** 1301 5th St./ Arizona Ave., Santa Monica. Afrikanisch angehauchter Nightclub mit DJs und Livebands vielerlei Musikstile von Soul über Indie und Hip-Hop bis Worldbeat, www.zanzibarlive.com.

THEATER UND KONZERTE

NoHo – North Hollywood – gilt als der größte kalifornische Theaterbezirk und ist bekannt für hochkarätige Produktionen und bekannte Broadway-Schauspieler.

Ensembles

❯ **L.A. Chamber Orchestra,** www. laco.org. Kammermusikensemble, das auf verschiedenen Bühnen auftritt.

❯ **L.A. Master Chorale,** www.lamc.org. Aus rund 120 Mitgliedern bestehend, Okt.–Juni Auftritte in der Walt Disney Concert Hall ❻.

❯ **L.A. Opera,** www.laopera.com. Seit 1986 Auftritte im Dorothy Chandler Pavilion (s. S. 30).

❯ **L.A. Philharmonic,** www.laphil.org. Gegründet 1919, Okt.–Juni Konzerte in der Walt Disney Concert Hall ❻, im Sommer in der Hollywood Bowl.

❯ **Center Theatre Group.** Führendes Theaterensemble, das im Mark Taper Forum und im Ahmanson Theatre (Music Center, www.musiccenter.org) auftritt.

Konzerthallen und Theater

⊖**143** [A7] **Club Nokia at L.A. LIVE,** 800 W Olympic Blvd., Tel. 213 7635483, www.clubnokia.com. Aufstrebende Talente und bewährte Künstler treten auf mehreren Ebenen vor bis zu 2300 Besuchern auf.

⊖**144** [cf] **El Portal Theatre,** 5269 Lankershim Blvd., NoHo, Tel. 818 5084200, www.elportaltheatre.com. 360 Sitze in ehemaligem Kino, zwei Nebenbühnen, u. a. Heimatbühne der „Theatre Tribe" (www.theatretribe.com).

⊖**145** [cf] **Ford Theatres,** 2580 Cahuenga Blvd. E., Tel. 323 4613673, www. fordtheatres.org. Ford Amphitheatre und (Inside) the Ford. Zweiteiliger Komplex aus Open-Air-Theater von 1920 (1245 Sitze) und kleinerer Bühne mit 87 Plätzen. Weltmusik, Jazz, Tanz, Film, Theater, Chöre und Kammermusik von Mai/Juni–Okt., außerdem Auftrittsort kleinerer Ensembles. *UpBeat Live Series* – Lesungen vor Konzerten.

⊖**146** [df] **Greek Theatre,** 2700 N Vermont Ave., www.greektheatrela.com, Tel. 323 665 5857. Open-Air-Konzerte im Griffith Park.

⊖**147** [cf] **Hollywood Bowl,** 2301 N Highland Ave./US 101, Tel. 323 8502000, www.hollywoodbowl.com

bzw. www.laphil.com. Mai–Sept. Open-Air-Veranstaltungen in den Hollywood Hills. Hier trat 1922 erstmals die L.A. Philharmonic auf, später die Beatles u. a. große Stars. 18.000 Plätze, Programm von Musical bis Livejazz und Film.

148 [j2] **Hollywood Palladium,** 6215 W Sunset Blvd., Tel. 323 9627600, www.livenation.com/venue/hollywood-palladium-tickets. Seit 1940 treten hier große Künstler vor 4000 Fans auf.

149 [bh] **Kirk Douglas Theatre,** 9820 W Washington Blvd., Culver City, Tel. 213 6282772, www.centertheatregroup. org. Nur gut 300 Plätze, aber ein breites Spektrum und auch Weltpremieren von Theaterstücken und Musicals.

150 [h2] **Kodak Theatre,** 6801 Holly-wood Blvd., Tel. 323 3086300, www.kodaktheatre.com. Konzerte, Theater, Shows und Academy-Awards-Verleihung (s. S. 11).

151 [B3] **Music Center Theatres,** 135 N Grand Ave., Tel. 213 6282772, www.musiccenter.org. Haupt-Kulturkomplex der Stadt mit **Ahmanson Theatre** (www.centertheatregroup.org), **Mark Taper Forum** (www.taperahmanson.com), **Dorothy Chandler Pavilion** (www.los-angeles-theatre.com/theaters/dorothy-chandler-pavillion/theater.php), **L.A. Opera** (www.losangelesopera.com), **Walt Disney Concert Hall** **6** und **Redcat** (www.redcat.org).

152 [A7] **Nokia Theatre at L.A. LIVE,** 777 Chick Hearn Court, Tel. 213 7636030, www.nokiatheatrelalive.com. Nagelneue Bühne mit 7100 Sitzen und Bar, viel Rock und R&B.

153 [C6] **Orpheum,** 842 S Broadway, Tel. 1 877 6774386, www.laorpheum. com. 1926 eröffnet, trat hier u. a. Judy Garland auf. Heute v. a. Rock- und Pop-Konzerte.

154 [j2] **Pantages Theatre,** 6233 Holly-wood Blvd., Tel. 213 3353500, www.broadwayla.org. Entertainmentpalast mit Broadway Musicals wie „Wicked", auch beliebt für TV-Shows, Filme und Musikvideos.

015ia Abb.: mb

EXTRATIPP

Gratiskonzerte

㉓ [f7] **LACMA (Los Angeles County Museum of Art):** Jazz at LACMA, Apr.–Nov. Fr. 18 Uhr im Innenhof, außerdem Mai–Sept. Sa. 17 Uhr Latin Sounds im Dorothy Collins Brown Amphitheatre und So. 18 Uhr „Sundays Live" (klassische Konzerte) im Leo S Bing Theatre

❼ [B4] **MOCA:** An mehreren Donnerstagabenden und Wochenenden zwischen Juni und August bleibt das Museum länger geöffnet und es treten DJs und Bands auf.

❯ **Pershing Square Summer Concert Series,** Mitte Juli–Ende Aug. Gratislivemusik und Filmvorführungen am Abend sowie Summer Lunchtime Concert Series. Genaue Termine und Programm unter www.laparks.org/pershingsquare/index.html.

❯ **Grand Performances,** Summer Concert Series on California Plaza, 350 S Grand Ave./4th St., Mitte Juni–Mitte Okt. Fr./Sa., manchmal auch Do. kostenlose Veranstaltungen, Konzerte, Lesungen, Vorträge (www.grandperformances.org).

❯ **Twilight Dance & Music,** Ende Juni–Ende Aug. Do. 19 Uhr Gratiskonzerte am Santa Monica Pier (www.twilightdance.org). Bunt gemischte Weltmusik.

❯ **„Plugged In"** auf dem Universal CityWalk (www.CityWalkHollywood.com), Gratissommerkonzerte von jungen Bands (am Fr.) und bekannten Künstlern (am Sa.)

❯ **Summer Music at Farmers Market** (www.farmersmarketla.com/special_events/index.asp), Ende Mai–Ende Sept., Do./Fr. 19–21 Uhr Jazzkonzerte

---

⟲155 **Pasadena Civic Auditorium,** 300 E Green St., Pasadena, Tel. 626 4497360, www.thepasadenacivic.com. Schöne Bühne von 1931 mit über 3000 Plätzen, Broadway Musicals, Ballett, Symphonien u. a.

⟲156 [bg] **Royce Hall at UCLA,** 340 Royce Dr., Tel. 310 8252101, www.uclalive.org. Auf dem Unicampus gelegene legendäre Konzerthalle, vergleichbar der Carnegie Hall in New York.

❯ **Staples Center** (s. S. 117). Sporthalle und Konzertbühne in einem.

❻ [B3] **Walt Disney Concert Hall.** Stammbühne der LA Philharmonic und Teil des Music Center.

◀ *Ein mehrteiliger Komplex mit hohem Anspruch: das Music Center*

KINO

Auf der Website www.filmradar gibt es das aktuelle Kinoprogramm. Kinos gibt es v. a. in Gestalt von „Multiplexen", z. B.

⑰ [h2] **Grauman's Chinese Theatre.** Der angrenzende 6-Kino-Komplex wird ebenfalls von Grauman betrieben, gegenüber liegt das

⑲ [h2] **Grauman's Egyptian Theatre/American Cinematheque.** Hier werden alte „Hollywoodschinken" gezeigt (www.americancinematheque.com).

157 [h2] **El Capitan Theatre,** 6838 Hollywood Blvd., http://elcapitan.go.com. Theater von 1926, das heute als Kino fungiert.

158 [A7] **Regal Cinemas Stadium 14 L.A. LIVE,** 1000 W Olympic Blvd., www.regmovies.com. Topmoderner Kinokomplex mit zurückklappbaren Sitzen, Digitalprojektion und Super-Soundsystem.

FILMFESTIVALS

> **Film Independent's Los Angeles Film Festival** (www.lafilmfest.com). Über 200 *feature films*, Videos u. a. bei einem 10-tägiges Festival im Juni in Westwood.

> **Outfest** (www.outfest.org). Zehn Tage lang werden im Juli „schwule" Kurz- und Hauptfilme in zehn verschiedenen Kinos gezeigt.

> **Downtown Film Festival** (www.dffla.com, im August), durch das ältere **Silver Lake Film Festival** (www.silverlakefilmfestival. org, im Mai) angeregt und vergleichbar mit den Festivals in Cannes oder Berlin.

> **AFI Los Angeles International Film Festival** (www.afifest.com, 10 Tage im Nov.). 130 Filme aus 40 Ländern.

> **Last remaining Seats.** Klassische Filme in historischen Kinos am Broadway (http://laconservancy.org, Mai/Juni).

LOS ANGELES FÜR KUNST- UND MUSEUMSFREUNDE

❸❼ [df] **Autry National Center of the American West.** Faszinierende Sammlung zu Westernkunst, -film, -mythos, Cowboys u. a.

⚏159 [dh] **California African American Museum,** 600 State Dr./Exposition Park, www.caamuseum.org, Di.–Sa. 10–17, So. 11–17 Uhr, frei, Parken: 39th/Figueroa St., $ 8. 1977 ins Leben gerufene Sammlung moderner Kunst, historischer Dokumente und Fotos. Die Dauerausstellung heißt „African American Journey West" und dokumentiert den afroamerikanischen Beitrag zur Besiedelung des Westens.

❶❹ [dh] **California ScienCenter.** Großartiges naturwissenschaftliches Museum mit vielen Ausstellungsstücken zum Ausprobieren und Spielen.

> Museen, die mit einer magentafarbenen Nummer (**❸❼**) als Hauptsehenswürdigkeit ausgewiesen sind, werden im Kapitel „Los Angeles entdecken" ausführlich beschrieben. Dort finden sich auch alle praktischen Informationen wie Adresse, Öffnungszeiten, Eintritt usw.

❷❺ [f7] **Craft & Folk Art Museum (CAFAM).** Sehenswerte Wechselausstellungen zu verschiedensten Themen und unterschiedlichsten Kulturen.

⚏160 [B6] **FIDM Museum & Galleries,** 919 S Grand Ave., http://fidm.edu/ resources/museum+galleries, Wechselausstellungen: Di.–Sa. 10–16 Uhr, Eintritt frei, Shop: Mo.–Sa. 10–17 Uhr. Ausstellung des Fashion Institute of Design & Merchandising: Kostüme, Textilien und Accessoires vom 18. Jh. bis heute.

⚏161 [bg] **Fowler Museum at UCLA,** North Campus, 308 Charles E. Young Dr. N, www.fowler.ucla.edu, Mi.–So. 12–17, Do. 12–20 Uhr, Eintritt frei. Kulturhistorisches Universitätsmuseum zur Kunst und Kultur von Afrika, Asien, dem Pazifikraum und Amerika.

❷❹ [f7] **George C. Page Museum.** Geologie und Fossilien der Region, nahe La Brea Tar Pits.

❸❶ [ag] **Getty Center.** Schwerpunkt ist europäische Kunst verschiedener Genres, präsentiert in sehenswerter moderner

▶ *Das Hollywood Museum* **❶❽** *bietet Interessantes zur Unterhaltungs- und Filmindustrie*

Architektur, umgeben von Gärten und mit tollem Ausblick.

32 [ag] **Getty Villa.** Kunst und Kultur der Antike (Griechen, Etrusker, Römer), präsentiert in einer nachgebauten römischen Villa.

11 [A7] **GRAMMY Museum at L.A. LIVE.** Alles über Geschichte und Gewinner des legendären Musikpreises, mit kleiner Konzertbühne.

162 [h2] **Guinness World of Records Museum,** 6780 Hollywood Blvd., www. ripleyattractions.com/usa-locations/ hollywood-ca, tgl. 10–24 Uhr, $ 14,95. Rekorde über Rekorde ...

163 [bg] **Hammer Museum,** 10899 Wilshire Blvd., www.hammer.ucla.edu, Di./Mi./Fr./Sa. 11–19, Do. 11–21, So. 11–17 Uhr, $ 7 (Do. Eintritt frei). Mit UCLA Grunwald Center for the Graphic Arts, einer Sammlung zeitgenössischer Kunst der Armand Hammer Collection, Murphy Sculpture Garden und Daumier-Sammlung. Hervorragender *Bookstore* und Hammer Cafe by Wolfgang Puck.

18 [h2] **Hollywood Museum.** Alles zur Unterhaltungsindustrie und ihren bekanntesten Filmen. Ein Muss für Filmfreunde.

164 [h2] **Hollywood Wax Museum,** 6767 Hollywood Blvd, tgl. 10–24 Uhr, $ 15,95, www.hollywoodwaxmuseum. com. Filmstars in Wachs.

165 [D3] **Japanese American National Museum (JANM),** 369 E 1st St., www. janm.org, Di./Mi., Fr.–So. 11–17 Uhr, Do. 12–20 Uhr, $ 9 (Do. 17–20 Uhr sowie am 3. Do. im Monat ganztägig Eintritt frei). Rolle, Geschichte und Bedeutung der japanischen Immigranten in den USA, dargestellt anhand einer Sammlung von über 60.000 Artefakten, Dokumenten und Fotos. Sehenswerte Wechselausstellungen und interessanter Museumsladen (viele Artikel aus Japan).

23 [f7] **LACMA (Los Angeles County Museum of Art).** Kulturgeschichtliches Museum mit antiker (griechisch-römischer),

016la Abb.: mb

afrikanischer, lateinamerikanischer/ präkolumbischer und asiatischer (chinesisch/japanisch/koreanisch) Kunst, Textilien sowie modernen europäischen und amerikanischen Kunstwerken.

🏛166 [h2] **Madame Tussauds Hollywood,** 6933 Hollywood Blvd., www. madametussauds.com/hollywood, mind. 10–22 Uhr, $ 25. Filiale des weltbekannten Wachsfigurenmuseums.

🏛167 [d4] **MAK Center for Art & Architecture at the Schindler House,** 835 N Kings Rd., West Hollywood, www.makcenter. org, Mi.–So. 11–18 Uhr, $ 7 (Fr. 16–18 Uhr Eintritt frei), $ 7, inkl. Schindler Haus (Tour) $ 17. Zugehörig sind die Mackey Apartments und das Fitzpatrick-Leland House. Der Architekt R.M. Schindler (1887–1953) aus Wien, ein Schüler F. L. Wrights, baute 1920 das Hollyhock House ❷⓿ und dann 1922 sein eigenes Kings Road (Schindler) House.

❼ [B4] **MOCA (Museum of Contemporary Art).** Hochkarätige Sammlung amerikanischer und europäischer moderner Kunst in wechselnden Ausstellungen.

🏛168 [c4] **MOCA Pacific Design Center,** 8687 Melrose Ave., Di.–Fr. 11–17, Sa./ So. 11–18 Uhr, Eintritt frei. Designabteilung des MOCA.

❯ **Museum of Latin American Art (MoLAA)** (s. S. 86). 1996 gegründetes einziges Museum mit Fokus auf moderne und zeitgenössische lateinamerikanische Kunst.

㉔ [bg] **Museum of Tolerance (MOT).** Sehenswertes „Holocaust-Museum" zur Dokumentation und Erforschung von Rassenhass und Vorurteilen.

❸ [dh] **Natural History Museum of L.A. County (NHM).** Riesiges Naturkundemuseum mit langer Geschichte, das kürzlich um attraktive neue Abteilungen bereichert wurde.

🏛169 [ef] **Norton Simon Museum,** 411 W Colorado Blvd., Pasadena, www. nortonsimon.org. Mo./Mi./Do./Sa./So. 12–18, Fr. 12–21 Uhr, $ 8 (am 1. Fr. im Monat 18–21 Uhr Eintritt frei). Schwerpunkt ist eurpäische Kunst vom 14. bis zum 19. Jh.

🏛170 [a6] **Paley Center for Media,** 465 N Beverly Dr., Beverly Hills, Mi.–So. 12–17 Uhr, $ 10 (Spende). Infos zur Geschichte und Bedeutung von TV und Radio mit rund 150.000 Programmen, die wechselweise gezeigt bzw. abgerufen werden können. Filiale in New York.

㉖ [f7] **Petersen Automotive Museum.** Informationen über das Straßensystem und dessen Bedeutung für Bevölkerung und Stadt, aber auch eine Ausstellung mit über 150 seltenen Autos, Trucks und Motorrädern.

🏛171 [h2] **Ripley's Believe It Or Not!** 6780 Hollywood Blvd., tgl. 10–24 Uhr, $ 14,99, http://hollywood.ripleys.com. Hier gibt es Unglaubliches und Kurioses.

🏛172 [bh] **Santa Monica Museum of Art,** 2525 Michigan Ave., Bldg. G–1, Santa Monica, www.smmoa.org, Di.–Sa. 11–18, $ 5. Zeitgenössische Kunst verschiedener Genres in wechselnden Ausstellungen. Schöner Museumsladen „Gracie".

🏛173 [af] **Skirball Cultural Center,** 2701 N Sepulveda Blvd., www.skirball.org, Di.–Fr. 12–17, Sa./So. 10–17 Uhr, $ 10 (Do. frei). Sehenswertes, modern aufgemachtes jüdisches Kulturinstitut, in dem ethnische und kulturelle Identität im Vordergrund steht. Viel Multimedia, Wechselausstellungen und Programme.

EXTRATIPP

Free days at museums
Unter http://discoverlosangeles.com findet sich unter den Menüpunkten „Play/Arts, Music & Entertainment" der „Free Museum Guide". Dort sind die Tage bzw. Zeiten aufgeführt, an denen bestimmte Museen **freien oder ermäßigten Eintritt** bieten.

Höhepunkt ist eine künstlerisch nachgebaute Arche Noah von Moshe Safdie (zeitgebundene Tickets!).

🏛174 [D3] **The Geffen Contemporary at MOCA,** 152 N Central Ave., www.moca.org, Mo./Fr. 11–17, Do. 11–20, Sa./So. 11–18, $ 10 (gilt auch im MOCA ⑦). Wechselausstellungen in einer früheren Polizeigarage in Little Tokyo, von Frank Gehry renoviert. „Filiale" des MOCA.

㊴ **The Huntington Library, Art Collections, and Botanical Gardens.** Kunstsammlung, Bibliothek und die sehenswerten Gartenanlagen bilden ein Gesamtkunstwerk.

GALERIEN

Die Kunstszene von Los Angeles beginnt New York zunehmend Konkurrenz zu machen – auch, was die Preise angeht. Gehäuft gibt es in Downtown Galerien in **Chinatown** (Chung King Rd.), in der **Gallery Row** (Main–Spring St., 2nd–9th St.) und am **Wilshire Blvd.** (Miracle Mile). **West Hollywoods** Kunstszene konzentriert sich auf die Kreuzung Melrose Ave./N Robertson Blvd. und den 6000er- bis 6800er-Block der Melrose Avenue.

EXTRATIPP

Kunst-Events

❯ **Miracle Mile Artwalk:** Am 3. So. jeden Monats laden viele Galerien auf dem Wilshire Blvd. (konzentriert auf Nr. 6150) nahe der Kreuzung Fairfax Ave., zur Besichtigung ein und es finden spezielle Events statt (www.midcitywest.org).

❯ **Downtown LA Art Walk:** Am 2. Do. jeden Monats öffnen die Galerien in der Innenstadt ihre Türen bis 21 Uhr und es gibt Veranstaltungen wie Livekonzerte oder Aufführungen (www.downtownartwalk.org).

Daneben lohnen **Santa Monica** und ganz besonders der **NoHo Arts District** (www.nohoartsdistrict.com).

❯ Infos unter: www.artscenecal.com

Zwei größere Galerie-Komplexe sind:

🖼175 [bh] **Bergamot Station,** 2525 Michigan Ave., Santa Monica. Rund 30 Galerien in einen ehemaligen Trambahnbahnhof (www.bergamotstation.com). Zweimal jährlich finden hier zudem die Santa Monica Auctions (www.smauctions.com) statt.

🖼176 [dh] **L.A. Mart,** 1933 S Broadway, www.lamart.com. V. a. Geschenke, Dekoratives und Möbel.

L.A. FÜR ARCHITEKTUR-INTERESSIERTE

Auch wenn es auf den ersten Blick nicht so aussieht: Los Angeles hat eine große Bandbreite an sehenswerter Architektur vom späten 19. Jh. bis zu zeitgenössischen Bauten zu bieten und es hat sogar in einigen Bereichen Kunstgeschichte geschrieben.

Vom **alten Kern der Stadt** aus dem 18. Jh. ist nicht viel übrig, die Olvera Street ist heute in erster Linie eine Touristenattraktion mit ein paar historischen Häusern aus dem 19. Jh. Zu Beginn des 20. Jh. machte L.A. erstmals architektonisch von sich Reden: Der **Bungalow Style,** aufgebracht von den Brüdern **Charles und Henry Greene,** bildete ein Gegengewicht zu den damals vorherrschenden historisierenden Baustilen. Voluminöse Formen und ein neues Raumerlebnis, natürliche Materialien – besonders Holz und Glas – und handwerklich solide Techniken („Craftsman Style") rückten in den Vordergrund. Beeinflusst wurde diese Entwicklung von

ARCHITEKTONISCHE „EYECATCHER"

*Wie die Greene-Brüder nutzten auch andere **experimentierfreudige Architekten** die in L.A. herrschende Kreativität und Toleranz. Als auf dem Höhepunkt der Pop Art Andy Warhol oder Roy Lichtenstein in der Malerei für Furore sorgten, entstanden in Los Angeles ungewöhnliche **Pop-Art-Bauten.** Diese Entwicklung stand in engem Zusammenhang mit dem wachsenden Autoverkehr seit den 1920er-Jahren. An den Straßen entstanden „eyecatching roadside attractions", Bauten, die die Aufmerksamkeit der Autofahrer auf sich lenken sollten. Die Hotdog-Bude **Tail o' the Pup** (steht heute nicht mehr) in Beverly Hills brachte 1946 eine neue, cartoonhaftheitere Architektur auf. **Randy's Donuts** (805 W Manchester Blvd., Inglewood) aus den 1950er-Jahren weist äußerlich Donut-Form auf, das **Capitol Records Bldg.** (1750 N Vine St.) gleicht einem Stapel Schallplatten. Die **Crossroads of the World Mall** (6671 Sunset Blvd.) machte als erste moderne Shoppingmall (aus dem Jahr 1936) mit einem europäischen Dorf und einem Hauptbau in Gestalt eines Ozeandampfers auf sich aufmerksam. Es folgten Milchläden in Form von Milchflaschen, Saftbars in Form von Früchten, ein Café als Kaffeekanne oder ein mexikanisches Lokal mit Sombrero-Dach. Nach einem Coffeehouse am Sunset Strip namens **Googie's** (1949) nannte man diesen witzigen kommerziellen Baustil **Googie Architecture.** Führend waren Architekten wie Frank L. Wrights Sohn, Lloyd Wright, und einer seiner Schüler, John Lautner.*

dem „uramerikanischen" Baumeister **Frank Lloyd Wright** und seinen 1893 bis 1910 entstandenen „Prairie Houses". Die Greenes schufen in L.A. unverwechselbare, an Landschaft und Kundenwünsche angepasste Bungalows, z. B. das **Gamble House** in Pasadena **38** von 1908.

Daneben florierte in den 1920er-Jahren der **Spanish Style** und es entstanden Hacienda-artige Bauten, malerische Kombinationen von Bogengängen, Türmchen, Balkonen und Patios mit Gitterfenstern und schweren Holztüren. Ein Beispiel ist die **Villa Aurora** (s. S. 81) von 1928 in Pacific Palisades. Etwa gleichzeitig wuchs mit der Blüte Hollywoods der Eklektizismus in der Architektur und Fantasiehäuser wie das **Spadena House** in Beverly Hills (Walden Dr./Carmelita Ave.) entstanden. Auch „Hansel & Gretel House" genannt, war es 1921 als *movie set* (Filmkulisse) erbaut, dann versetzt und als Privathaus genutzt worden. Vor allem aber belegen die **Theater** entlang dem Hollywood Blvd. den ausgefallenen Geschmack der Filmszene.

Mit dem Bevölkerungswachstum und dem wirtschaftlichen Aufschwung der Stadt in den 1920er-Jahren ging die Entstehung repräsentativer

► *Das Getty Center* **31** *ist eines der architektonischen Highlights der letzten Jahre*

öffentlicher Bauten in **Downtown** ein-
her. Sie wurden meist im eleganteren,
konservativen Beaux-Arts-Stil (klassi-
zistisch) oder im damals moderneren
Art déco geplant. Die **Central Library**
(630 W 5th St.) von 1926 präsentiert
sich ägyptisierend-mediterran und
wird von einem Pyramidendach ge-
krönt. Art déco verkörpert hingegen
die 1928 eröffnete **City Hall** ❹, die
bis 1964 als höchstes Gebäude Kaliforniens galt, ebenso das **Bullocks
Wilshire** (3050 Wilshire Blvd.), ein
Kaufhaus von 1929.

Während der Depression in den
1930er-Jahren schwand die Extra-
vaganz und Art déco ging in einen
schlichteren **New World Streamline
Style** über. Robert Derrahs **Coca-Cola
Bottling Plant** von 1937 (1334 Central Ave.) wirkt wie ein Ozeankreuzer

und die **Union Station** ❷ von 1939
vereint Streamline und altmodischen
Spanish-Revival-Stil.

Nach dem Krieg entstanden neue,
durch Freeways erschlossene Voror-
te *(suburbs)*. Wohnraum – v. a. Mehr-
familienhäuser (sogenannte **low-cost
houses**) – für die wachsende (mexikanische) Stadtbevölkerung wurde
gebraucht. Unter Frank L. Wrights Ein-
fluss entstand neben solcher Zweck-
architektur in den 1950er-/60er-Jah-
ren aber auch **wegweisende moderne Architektur**, z. B. 1949 das **Eames
House** (203 Chautauqua Blvd., Pacific Palisades) von Charles und Ray
Eames. Schon 1939 war John Lautner, ein Schüler Wrights, nach Los Angeles gekommen und hatte mit soge-
nannter **Googie-Architektur** (s. S. 36)
für Aufsehen gesorgt.

Angeregt durch das 1932 von den Architekten Henry-Russell Hitchcock und Philip Johnson verfasste Manifest „**The International Style**" machte sich auch in L.A. ein moderner, schlichter und funktioneller Universalstil aus Stahl und Glas breit. Das **Bonaventure Hotel** (404 S Figueroa St.) von 1976 mit seinen fünf kupferglänzenden Zylindern ist ein Beispiel dafür. Erstmals Widerspruch gegen die modernistischen steril-glatten Stahl-Glas-Türme formulierte 1972 Robert Venturi in dem Pamphlet „**Learning from Las Vegas**". Michael Graves und Henry Moore, später auch Philip Johnson selbst, griffen Venturis Ideen auf – Folge war die sogenannte **Postmoderne**. Historische Stile wurden wieder salonfähig, allerdings auf neue, kreative Art und Weise kombiniert mit modernen Elementen. Ein Musterbeispiel ist das **Team Disney Building** (1985–1991) in Burbank von Graves mit sieben Zwergen als Gebälkstützen nach antikem Vorbild.

Ein wichtiges städtebauliches Projekt war **Bunker Hill**. 1973 wurde hier der **erste echte Wolkenkratzer**, das über 60-stöckige First Interstate Building, später **Aon Center**, fertiggestellt. **Der U.S. Bank Tower (Library Tower)** mit 310 m folgte 1990. Er gilt als höchstes Gebäude an der Westküste und stammt von I.M. Pei. Bunker Hill erstreckt sich entlang der 3rd Street, nahe Pershing Square. Heute markieren Wells Fargo Center, One und Two California Plaza sowie die neue Concert Hall den Hügel, wobei die Mehrheit der *skyscraper* in den 1980er-Jahren entstand, nachdem die alten Wohnhäuser abgerissen worden waren.

Diesem Schicksal entgingen viele andere Viertel, nachdem 1983 die

erste HPOZ (**Historic Preservation Overlay Zone**) in Angelino Heights ausgewiesen und damit die zahlreich existierenden viktorianischen Bauten unter Schutz gestellt wurden. Inzwischen gibt es 25 solcher HPOZs (Infos: www.preservation.lacity.org/hpoz).

Allmählich wurden auch **Museumsbauten** zur wichtigen Bauaufgabe: Nachdem 1983 das **Geffen Contemporary** (s. S. 35) – ein altes Lagerhaus – von Frank Gehry umgebaut worden war, entwarf 1987 der Japaner Arata Isozaki das **Museum of Contemporary Art** ❼. 1996 eröffnete das **Paley Center for Media** (s. S. 34) von Richard Meier, berühmter wurde der aus Toronto stammende Architekt jedoch mit dem **Getty Center** ㉛ (1997). Kein Geringerer als Renzo Piano plante den Neubau des **Broad Contemporary Art Museum**, der 2008 als Teil des LACMA ㉓ eröffnete. Dieser Museumskomplex belegt einen klimatisch bedingten Trend im öffentlichen Bauen: fließende Übergänge zwischen Drinnen und Draußen.

Zum **Revival von Downtown L.A.** trug bei, dass Bürogebäude aus dem frühen 20. Jh. in Apartmentbauten umgewandelt wurden. Außerdem entstanden neue Wohntürme, v. a. in South Park nahe dem Staples Center (s. S. 117) und im Zusammenhang mit dem Entertainmentkomplex **L.A. LIVE** ⓫. So haben längst berühmte Architekten wie Frank Gehry, Thom Mayne, Richard Meier, José Rafael Moneo, I.M. Pei oder Renzo Piano das liberale L.A. als neues Aufgabenfeld entdeckt und neben Wohn- und Museumsbauten auch öffentliche Neubauten in Angriff genommen. Die spektakuläre **Walt Disney Concert Hall** ❻ von Gehry (2003) und L.A. LIVE (2007–2010), ein Komplex

EXTRATIPP

Kunst am Bau

Einige Museen verfügen über sehenswerte „**Sculpture Gardens**", z. B. das Getty Center ㉛, LACMA ㉓, die Getty Villa ㉜ oder das Norton Simon Museum (s. S. 34). Zu den Highlights gehört auch der Franklin D. Murphy Sculpture Garden der UCLA ㉚. Daneben finden sich auf öffentlichen Plätzen wie an der American Plaza (Four Arches, Alexander Calder), am Wells Fargo Center Court (Le Dandy, Jean Dubuffet), am California Market Center (Hammering Man, Janathan Borofsky) oder um die City Hall ❹ sehenswerte **moderne Skulpturen.** Auch in **Metro Rail Stations** (s. S. 56) ist moderne Kunst zu bewundern.

kubistisch-anmutender, moderner Bauten verschiedener Architekten, sind jüngste Beispiele. Die 2002 eröffnete **Cathedral of our Lady of the Angels** ❺ vom Reißbrett José Rafael Moneos passt als moderne Kathedrale in diese neue Ära. Zwischenzeitlich hat auch „**grünes Bauen**" Einzug gehalten: Die **Caltrans District 7 Headquarters** (100 S Main St.), 2004 als energiesparender, umweltfreundlicher Bau vollendet, machten den Anfang.

◀ *Frank Gehry zeichnet für die spektakuläre Disney Concert Hall* ❻ *in Downtown L.A. verantwortlich*

LOS ANGELES ZUM TRÄUMEN UND ENTSPANNEN

Ein rund 130 km langer Küstenstreifen am Pazifik nördlich und südlich der City – nichts als Sonne, Strand und Meer. Hier sind nicht nur Surfer, Beachboys und -girls zu Hause, hier herrscht dank des sommerlichen Klimas das ganze Jahre über Ferienstimmung. Dennoch hat L.A. zum Erholen mehr zu bieten als Strand und Meer: Parks, Gärten und Naturschutzgebiete machen aus der Metropole ein grünes Paradies.

Man glaubt es kaum, aber mit dem 1660 ha großen **Griffith Park** ③⑥ verfügt L.A. über einen der größten Stadtparks weltweit. Er bietet vielerlei Möglichkeiten für Aktive – von Wander-, Rad- und Reitpfaden über Tennis- und Golfplätze bis hin zu verschiedensten Sport- und Spielflächen sowie Picknickplätzen –, ist aber auch ideal für Erholungssuchende. Allein die traumhafte Aussicht vom **Griffith Observatory** lässt einen hier oben sitzend schnell die Zeit und den Trubel ringsum vergessen.

Die **Huntington Library, Art Collections, and Botanical Gardens** ③⑨ in Pasadena sind auch für Bibliophile und Kunstfreunde ein wahrer Genuss, v. a. handelt es sich aber um eine grüne Erholungsoase mit hohem botanischem Anspruch und Erholungswert.

Die **Descanso Gardens** in Canada Flintridge, nördlich Pasadena, sind hingegen bekannt für ihre Kamelien-Vielfalt, hier gibt es auch einen japanischen Garten mit Teehaus. Nicht fern liegt der **Angeles National Forest**, ein beliebtes Naherholungsziel der Angelenos.

★177 Angeles National Forest,
www.fs.fed.us/r5/angeles
★178 Descanso Gardens,
www.descansogardens.org

Der **Exposition Park** ⑫ besticht einerseits durch sein Kulturangebot mit ScienCenter ⑭ und Natural History Museum ⑬ sowie vielerlei Events, es gehören aber auch ein Park und ein sehr schöner Rosengarten, der zum Päuschen einlädt, dazu.

Ähnlich idyllisch sind der Mildred E. Mathias Botanical Garden, der Franklin D. Murphy Sculpture Garden und der Hannah Carter Japanese Garden auf dem **Campus der UCLA** ③⓪.

Die **Pazifikstrände** zwischen Malibu und Huntington Beach sind von 7 bis 22 Uhr geöffnet, oft gibt es Verleihstationen für Skates, Surfboards und Bälle, manchmal auch Kioske, Duschen und WCs. *Lifeguards* (Rettungsschwimmer) sind in der Hauptsaison im Dienst. Hier ein paar Tipps:

★179 [bj] **Hermosa Beach:** Pier Plaza
als Platz zum Ausspannen mit Surfshops, Cafés, Restaurants und Kleidungsgeschäften

★180 **Huntington Beach:** der Hauptstrand der Surfer, weniger übervölkert als Surfrider Beach

★181 [bj] **Manhattan Beach:** vielerlei Aktivitäten, sauberer Sandstrand und Volleyball Open im August

★182 [Seite 83] **Santa Monica Beach,** nördlich des Santa Monica Pier: ein gut 3 km langer Sandstrand, Schwimmen und Sonnen, Inlineskaten oder Fahrrad fahren, aber auch *people watching*

★183 **Surfrider Beach,** Malibu: Strand der *surf subculture,* mit Lagune und *bird sanctuary* (Vogelschutzgebiet)

③④ [ah] **Venice Beach:** am Venice Ocean Front Walk Leute beobachten oder Skaten und Radfahren am Venice Boardwalk, mit Spielfeldern und Fitness unter freiem Himmel („Muscle Beach")

❯ Allgemeine Infos:
www.beaches.co.la.ca.us

AM PULS
DER STADT

„On my Way to L.A." – mit seinem noch heute gern gespielten Hit brachte Phil Carmen, ein Schweizer Musiker mit kanadischen Wurzeln, 1985 den Traum vieler auf den Punkt. Die Stadt zieht seit Jahrhunderten Menschen magisch an und ist eine der multikulturellsten der Welt. Andererseits ist in der Metropole vieles nur „fake", Täuschung oder Schein, und der gute Eindruck, Sehen und Gesehenwerden sind alles in L.A. ...

DAS ANTLITZ DER METROPOLE

L.A. ist keine Stadt, zumindest keine im eigentlichen Sinne, sondern ein Konglomerat aus verschiedenen Gemeinden, Städten und „neighborhoods" (Stadtvierteln), aus unterschiedlichsten Ethnien und Gesellschaftsgruppen. Es gibt nicht wie in anderen Städten ein dominantes Zentrum, sondern vielmehr zahlreiche gleichwertige Viertel wie Downtown und Hollywood als bekannteste.

Dabei sind viele Viertel nicht – wie in New York oder San Francisco – allein von einer Ethnie geprägt. Es gibt einige relativ homogene *neighborhoods* wie Little Tokyo, Chinatown oder Little Korea, andererseits aber auch viele stark durchmischte. South L.A., einst berühmt-berüchtigtes afroamerikanisches Elendsviertel, erlebte auch aufgrund des anhaltenden Zuzugs lateinamerikanisch-mexikanischer Angelenos einen völligen Wandel. East L.A. ist also längst nicht mehr das einzige „Mexikanerviertel". Der Spanisch sprechende Anteil an Menschen macht in L.A. mittlerweile insgesamt fast die Hälfte der Bevölkerung aus. Nur die Westside, wo die noblen Viertel und Gemeinden liegen, ist großteils noch in „weißer", nicht-hispanischer Hand.

Wie viele **Menschen** wirklich im Großraum Los Angeles leben, weiß niemand so genau, es hängt auch davon ab, wie man diesen definiert. Zumeist ist damit die **Five-County Area**, der Zusammenschluss von fünf

◄ *Vorseite: Heute schlägt das Herz der Stadt wieder in Downtown*

Föhn in L.A.

Die **Santa-Ana-Winde** sind berühmt-berüchtigt. Sie entstehen v. a. von September bis März bei steigendem Luftdruck im östlichen Great Basin und nehmen auf ihrem Weg Richtung L.A. an Hitze und Trockenheit zu. Sie erreichen Geschwindigkeiten von bis zu 140 km/h und sind bei den Angelenos wegen der Waldbrände, die sie anfachen, als „devil winds" gefürchtet – aber auch wegen der Stimmungsschwankungen, die sie angeblich hervorrufen, vergleichbar mit dem bayerischen Föhn. Schon Raymond Chandler beschrieb in „Red Wind" die „Santa Anas" als „those hot dry (winds) that come down through the mountain passes and curl your hair and make your nerves jump and your skin itch (…) Anything can happen!"

Landkreisen – Los Angeles, Riverside, Ventura, Orange und San Bernardino County – gemeint, der insgesamt eine Fläche von etwa 87.500 km² und um die 200 Gemeinden und Städte umfasst. Die Schätzungen belaufen sich dafür auf circa 18 Mio. Einwohner.

Das **County Los Angeles** gilt mit seinen 88 Städten und Gemeinden sowie gut 10 Mio. Einwohnern als bevölkerungsreichster Landkreis in den gesamten Vereinigten Staaten. Dementgegen wirkt die **City of Los Angeles** mit ihren knapp 4 Mio. Bewohnern eher klein – und ist dennoch nach New York die zweitgrößte US-Metropole. Die Stadt selbst besteht aus unzähligen *districts* und *neighborhoods* – z. B. Pacific Palisades, Brentwood, Hollywood, kurioserweise aber nicht West Hollywood (eigene Stadt) – und erstreckt sich von den Ausläufern der Santa Monica Mountains im Norden bis an den Pazifik im Westen und Süden auf vergleichsweise bescheidenen 1290 km² Fläche.

Vereinfachend könnte man die **Geografie** so beschreiben: Im Westen Wasser, im Osten Wüste. Beim Großraum von L.A. handelt es sich um ein Wüstenbecken, eine Ausbuchtung der **Mojave-Wüste**, die sich bis Las Vegas erstreckt. Gerahmt von den Santa

▼ *Zwei der Zentren von L.A.: vorne Century City, hinten Downtown*

019ia Abb.: mb

Monica Mountains im Nordwesten, den San Gabriel Mountains im Nordosten und den Santa Ana Mountains im Südosten, setzt im Westen der Pazifik dem Städtewachstum Grenzen. Er verhilft dem Großraum zu rund 120 km Küstenlinie und einer ununterbrochenen Kette von Stränden zwischen Malibu und Long Beach. Die Berge mussten sich längst dem Siedlungsdruck beugen. Immer mehr Besserverdienende zogen und ziehen in die Bergtäler und gehen das Risiko von Waldbränden, Erdrutschen und Wasserknappheit ein.

Grund für die **Erdbeben** sind die Malibu Coast Fault und die etwas weiter östlich L.A. verlaufende San Andreas Fault, dazu kommen mindestens 20 Nebenfalten im Großraum L.A. Das letzte große Erdbeben war 1994 das Northridge Earthquake mit einer Stärke von 6,7 auf der Richterskala. 70 Tote, viele Verletzte und immense Bauschäden waren die Folge.

VON DEN ANFÄNGEN BIS ZUR GEGENWART

Als „Utopie vom Paradies" – so stellten sich die ersten nichtspanischen Siedler die Besiedelung der Region vor. Man dachte an idyllische kleine Orte, umgeben von Orangenhainen und Gemüsefeldern, doch Ölfunde und die Bevölkerungsexplosion in den 1920er-Jahren und nach dem Zweiten Weltkrieg machten diesen Traum zunichte.

Wie viele Gemeinden Kaliforniens geht auch L.A. auf eine **spanische Missionsstation** zurück. 1771 war „San Gabriel" gegründet worden und zehn Jahre später legten spanische Siedler den Grundstein für **El Pueblo de Nuestra Senora La Reina de Los Angeles.** Lange Zeit ein staubiges Nest am Ende eines alten Trails aus dem Südwesten und bevölkert von zwielichtigen Gestalten, trat erst ein Wandel ein, als 1885 die Atchison, Topeka & Santa Fe Railroad Company ihre südliche Transkontinental-Bahnlinie hier enden ließ. 1892 war ein gewisser Edward Doheny auf dem Salt Lake Field in West Park erstmals auf **Öl** gestoßen. Bohrtürme schossen wie Pilze aus dem Boden, Pipelines wurden gelegt und die Stadt wurde plötzlich bedeutend.

Als man 1913 mit einem Aquädukt das ständig über der Stadt schwebende Schreckgespenst der Wassernot in den Griff bekommen hatte, ging es weiter bergauf. Anfang des 20. Jh. gab die **Filmindustrie** ihr Debut. Sie machte sich die idealen klimatischen Bedingungen in Südkalifornien zunutze und L.A. entwickelte sich zum **Entertainment Capital of the World.** Aus dem staubigen mexikanischen Kaff war eine Weltmetropole geworden, die sogar zweimal **Olympische Sommerspiele** ausrichtete.

1542: Juan Rodríguez Cabrillo, portugiesischer Seefahrer in spanischen Diensten, erforscht die kalifornische Küste bis Santa Monica. Er geht nennt das Land „Alta California".

1579: Der englische Seefahrer Francis Drake nimmt Kalifornien als „New Albion" für England in Besitz.

1769: Alarmiert vom Vorrücken russischer Pelzhändler von Alaska nach Kalifornien starten die Spanier mit dem Offizier Gaspar de Portolá und dem Franziskanerpater Junípero Serra die Inbesitznahme von „Alta California". San Diego de Alcala wird als erste Militärbasis und Missionsstation gegründet, bis 1823 folgen entlang dem 800 km langen Camino Real, dem „Königsweg" zwischen Sonoma im Norden und San Diego im Süden, 21 weitere Missionen und Presidios (Militärstützpunkte) in L.A., Santa Barbara, Monterey und San Francisco.

1771 wird die Mission San Gabriel im Nordosten von L.A. gegründet.

4. Sept. 1781: Gründungsdatum der Stadt. An der heutigen Olvera Street entsteht **El Pueblo de Nuestra Senora la Reina de Los Angeles de Porciúncula.**

27. Sept. 1821: Mexiko wird „Unabhängige Republik", California ist eine Provinz.

1846–1848: Amerikanisch-mexikanischer Krieg. Am **13. August 1846** nehmen US-Soldaten das Pueblo kampflos ein. Mexiko verliert nach dem Friedensschluss alle Gebiete nördlich des Gila River. Aus ihnen entstehen später die Bundesstaaten Kalifornien, Arizona, New Mexico, Nevada und Utah.

24. Jan. 1848: Der Goldfund von James Marshall in Coloma bei Sacramento initiiert einen Goldrausch ungeahnten Ausmaßes.

9. Sept. 1850: Aufnahme Kaliforniens als 31. Bundesstaat in die Union.

1858–1861: Die Butterfield-Overland-Postkutschenlinie verbindet El Paso (Texas) mit L.A.

1876 gibt es eine Eisenbahnlinie zwischen L.A. und San Francisco.

1883: Die Southern Pacific Railroad als zweite transkontinentale Eisenbahnstrecke bringt New Orleans und L.A. zusammen. **1885** folgt die Santa Fe Railway zwischen L.A. und Chicago. Die vormals 10.000 Einwohner zählende Stadt wächst rapide an und erlebt einen wirtschaftlichen Aufschwung.

1892: Ölfunde auf dem Salt Lake Field in West Park, L.A.

1905: Der Ingenieur William Mulholland beginnt mit dem Bau eines Aquädukts, der Trinkwasser über rund 375 km von der Sierra Nevada nach L.A. bringt. Er wird **1913** eröffnet.

1906: Grundsteinlegung für den Port of Los Angeles.

1908: Erste Filmarbeiten an der Westküste. Francis Boggs dreht eine Szene des „Grafen von Monte Cristo" in L.A. und **1910** produziert Regisseur D. W. Griffith der Stummfilm „In Old California" hier.

1910: Hollywood wird Stadtteil von Los Angeles.

1912 gründet Carl Laemmle die „Universal Film Manufacturing Company" (Universal Studios).

1910–1930: Expansion, Immobilienspekulation und drei Industrien – Öl, Flugzeugbau und Film – sorgen für Aufschwung. Um 1930 ist die Einwohnerzahl auf 235.000 gestiegen.

1929: Der Arroyo Seco Parkway (Pasadena Freeway) entsteht als erste mehrspurige Straße und läutet das „Autozeitalter" ein.

1931–1940: Der „Dust Bowl" veranlasst die verarmte Landbevölkerung aus Oklahoma, Kansas und Arkansas, nach Kalifornien zu wandern, um dort, wie es Steinbeck in „Früchte des Zorns" beschreibt, einen Neuanfang zu wagen.

1932: X. Olympische Sommerspiele in L.A.

1955: Eröffnung des weltweit ersten Vergnügungsparks „Disneyland" in Anaheim.

1964: Kalifornien avanciert zum bevölkerungsreichsten US-Bundesstaat.

1964: Die Universal Studios eröffnen als erster „Filmpark" mit öffentlichen Touren.

1965: Während der Watts Riots kommt es zu Rassenunruhen mit vielen Toten im Stadtteil Watts.

1967: Im Zuge des „Summer of Love" in San Francisco entwickelt sich der Sunset Strip von L.A. zum neuen Flowerpower- und Hippie-Treff.

1970er-Jahre: Zeit der Rassenkonflikte aufgrund der Zuwanderungsströme aus Mexiko, dazu viele Immigranten aus Korea, von den Philippinen, aus Taiwan und Hongkong. Handel und Textilindustrie boomen.

020la Abb.: LACVB/MTG

17. Mai 2005: Wahl Antonio R. Villaraigosas zum 41. Bürgermeister. Er tritt am 1. Juli 2005 als erster mexikanisch-stämmiger Angeleno das Amt an. Die Vergrößerung der Polizei und die Bekämpfung von Bandenkriminalität sind vorrangige Ziele, außerdem eine Verbesserung des Schulwesens und der Ausbau des öffentlichen Nahverkehrs.

2007 wird der Aktionsplan „GREEN LA" ins Leben gerufen und man schließt sich freiwillig dem Kyoto-Protokoll an.

Dez. 2008: L.A. LIVE mit dem Grammy Museum eröffnet als Unterhaltungskomplex in Downtown.

2009: Wiederwahl von Bürgermeister Villaraigosa

Am **25. Juni 2009** stirbt Michael Jackson in seiner Villa in Beverly Hills.

6. April 2010: Papst Benedikt XVI. ernennt den in Mexiko geborenen José Gómez zum neuen Erzbischof von L.A. Gómez ist der erste aus Lateinamerika stammende Kardinal in den USA.

1973–1993: Tom Bradley wird als erster Afroamerikaner Bürgermeister und bleibt fünf Wahlperioden lang im Amt.

1984: XXIII. Olympische Sommerspiele, zum ersten Mal privat finanziert.

1992: Urteil im Rodney-King-Prozess – vier Polizisten, die einen schwarzen Motorradfahrer schwer misshandelt hatten, werden von einer Jury freigesprochen. Rassenkrawalle und bürgerkriegsähnliche Zustände haben den Tod von 50 Menschen und 1000 zerstörte Gebäude zur Folge.

17. Jan. 1994: Beim Northridge Earthquake, Stärke 6,7 auf der Richterskala, sterben 70 Menschen und es gibt zahllose Verletzte und große Schäden.

1995: O.J. Simpson, ein berühmter Ex-Footballer, wird angeklagt, seine Ex-Frau und deren Bekannten ermordet zu haben. Es kommt erneut zu Unruhen.

1997: Immobilienboom und Eröffnung des neuen Getty Centers.

23. Okt. 2003: Die Walt Disney Concert Hall wird eingeweiht und forciert das Revival der Innenstadt.

LEBEN IN DER STADT

Los Angeles steht synonym für Freeways und Autos, Freiheit und Toleranz, Strände und Stars, Schöne und Reiche. Es ist eine Stadt, die eigentlich keine Stadt ist, es gibt einen Fluss, der nirgends zu sehen ist, und hier leben Leute, denen man nicht ansieht, wie reich sie sind oder was sie arbeiten. Selbst Kellnerinnen oder Verkäuferinnen gönnen sich ein Facelift und Manager und Stars laufen in zerrissenen Jeans und Schlabbershirts herum.

Das Leben in L.A. ist ungewöhnlich und allein die Größendimensionen machen eine andere Sichtweise notwendig. Während noch vor einigen Jahren kaum jemand die Innenstadt kannte, geschweige denn

▲ *L.A. war 1932 und 1984 Austragungsort Olympischer Sommerspiele*

dort wohnte, ist dank L.A. LIVE, der Disney Concert Hall, neuer Hotels und Apartmenthäuser, Bars und Lokale, mehrerer Museen und einer attraktiven Skyline heute im Stadtzentrum einiges geboten.

WIRTSCHAFT UND TOURISMUS

„That's So LA" ist der Name einer Marketingkampagne der Stadt. Beteiligt sind u. a. die Basketballstars Kobe Bryant und Baron Davis und andere Persönlichkeiten wie Tom Hanks oder Rita Wilson, Lauren Conrad oder David Beckham. Tourismus ist immerhin nach dem internationalen Handel der zweitgrößte Wirtschaftsfaktor. Der **Fremdenverkehr** sorgt für über 250.000 Jobs und über $ 14 Mrd. Einnahmen pro Jahr. Rund 26 Mio. Besucher, davon gut 20 Mio. aus den USA, besuchen jährlich die Stadt. An Überseegästen steht Großbritannien an erster Stelle, gefolgt von Japan und Deutschland. International gesehen nimmt die Stadt in der Beliebtheitsskala nach New York sogar Platz 2 ein.

In Sachen **Import/Export** bekleidet L.A. den ersten Rang in den USA, der **Hafen L.A.–Long Beach** gilt als fünftgrößter der Welt und größter Amerikas. Ebenfalls ein wichtiger Arbeitgeber ist der **Flughafen LAX**, mit über 61 Mio. Fluggästen in Sachen Passagieraufkommen an 5. Stelle, nach Zahl der Flüge an zweiter in den USA. Zu den „Los Angeles World Airports" (LAWA) gehören außer LAX auch LA/ Ontario International Airport (ONT), LA/Palmdale Regional Airport (PMD) und Van Nuys Airport (VNY).

Die **Filmindustrie** sorgt jährlich für gut $ 34 Mrd. in den Kassen und der Ruf als „Entertainment Capital of the World" und als **Kulturzentrum** mit 300 Museen und dem Walk of Fame als Hauptattraktion ist beachtlich. Neben der Unterhaltungsindustrie spielt seit den späten 1920er-Jahren, besonders seit dem Zweiten Weltkrieg, der **Flugzeugbau** eine große Rolle, außerdem machen Technologie, Öl und die Textilindustrie die Stadt zum **größen Herstellungszentrum im Westen.**

In L.A. gibt es zahlreiche „**Fortune 500 Companies**" (Firmen, die sich unter den Top-500 – nach Umsatzstärke – des Fortune-Magazine-Rankings befinden) wie Occidental Petroleum, Health Net oder Reliance Steel & Aluminum sowie bekannte Unternehmen wie die Disney Company und Time Warner. Ebenfalls in L.A. angesiedelt haben sich 20th Century Fox, Guess, Paramount Pictures, Sunkist Growers, Hilton Hotels oder Sony Pictures Entertainment. Als größter Arbeitgeber im Privatsektor gilt die **University of Southern California (USC)**, wobei sie nur die größte Bildungsstätte unter rund 200 Colleges und Unis im Großraum ist. Andere wichtige sind UCLA, Pepperdine University oder Loyola Marymount.

STADTENTWICKLUNG UND -PLANUNG

Als die Stadt 1781 gegründet wurde, wurde lediglich eine Plaza ausgemessen und Grundstücke für 24 Siedlerfamilien wurden eingeteilt. 1800 sollen 315 Menschen und 12.500 Kühe in L.A. gelebt haben und noch in den 1890er-Jahren maß das Stadtgebiet nur rund 73 km². Die Stadt wuchs erst sehr langsam, dann aber explosionsartig: Von 4000 Einwohner (1910) stieg die Zahl der Angelenos in nur 20 Jahren auf 235.000 und heute sind es rund 4 Mio.!

021a Abb.: mb

Der ursprüngliche Stadtkern lag im heutigen Downtown, die ersten größeren Zufügungen bezogen sich auf Highland Park und Garvanza im Norden sowie South Los Angeles. Dank weiterer Eingemeindungen, zuletzt 1910 die von Hollywood, wuchs die Stadt stetig an. Mit der Eröffnung der L.A. Stock Exchange in Downtown im Jahr 1929 wurde sie zur Finanzhauptstadt an der Westküste und viele öffentliche Bauten entstanden in der Folge.

Während des Zweiten Weltkriegs gewann die Flugzeugindustrie an Bedeutung, viele neue Fabriken und damit **große Schlafgemeinden** entstanden. Im Krieg strömten allein über 200.000 Afroamerikaner aus den Südstaaten auf Jobsuche nach L.A. und die Enge in den Wohngebieten in **South Central** wurde unerträglich. Auch die Mexikaner hatten mit **schlechten Wohnbedingungen** in **East L.A.** zu kämpfen und Konflikte standen auf der Tagesordnung. In den 1930er-Jahren erreichte ein neuer mexikanischer Immigrantenstrom gleichzeitig mit vielen Asiaten die Stadt und die Latinos begannen, sich auch im vormals „schwarzen" South Central breitzumachen.

Die Nachkriegszeit brachte **massives Wachstum**, aber auch Mangel an erschwinglichen Wohnungen, Schulen und Sozialeinrichtungen. Die Jahre von 1947 bis in die 1960er-Jahre standen im Zeichen des **Straßenbaus** und dieser wiederum hatte die **Erschließung entfernt gelegener Gebiete** wie des San Fernando Valley oder des Orange County zur Folge. Damit verbunden ging die Stadt in die Breite, **Suburbanisierung** setzte ein, der Autoverkehr nahm zu und Leute akzeptierten immer längere Wege zwischen Arbeitsstätte und Heim.

Los Angeles galt lange als „horizontale Stadt", als in die Breite wuchernder Moloch. Lebten 1930 noch 94 % der Bevölkerung in Einfamilienhäusern, entstanden v. a. in der Nachkriegszeit verstärkt große Apartmentblöcke. 1973 eröffnete der **erste Wolkenkratzer** in Bunker Hill, das über 60-stöckige First Interstate Building,

▲ *In die Höhe bauen, anstatt in die Breite wuchern – man versucht, aus früheren Fehlern zu lernen*

andere folgten. Mittlerweile hat das **Bauen in die Höhe** – auch dank neuer Techniken im erdbebensicheren Bauen – die Oberhand gewonnen. Grund und Boden sind zum teuren Gut geworden und unkontrolliertes Flächenwachstum soll auf diese Weise eingedämmt werden. Zudem wird seit den 1990er-Jahren der Ausbau des **öffentlichen Nahverkehrs** forciert.

GESELLSCHAFT UND ETHNIEN

Los Angeles ist eine der **multikulturellsten Städte der Welt** – über 200 Ethnien und 80 Sprachen sollen vertreten sein, darunter z. B. eine große iranische Gruppe, die „Teherangeles", und eine jüdische Gruppe, die in der „Jewish West Side" (Wilshire Blvd.) lebt. Ein „Melting Pot" oder Schmelztiegel ist L.A. aber ebenso wenig wie New York: Menschen unterschiedlicher Ethnien leben nebeneinander und hin und wieder auch gegeneinander.

Es sind die **Hispanos**, die die Bevölkerungsmehrheit stellen, den Ton angeben und das Bild prägen. Ihr Prozentsatz hat sich in den letzten Jahren fast verdreifacht und sie repräsentieren mit derzeit 48 % der Stadtbevölkerung den größten Latinoanteil in ganz USA. Es gibt mexikanische Tageszeitungen, TV- und Radiosender und ausschließlich in Spanisch unterrichtende Schulen. Die konstante Zuwanderung von **Mexikanern** zwischen 1910 und 1930 und seit den 1990er-Jahren sorgte für ein Übergewicht der Latino-Gemeinde, die mit der Wahl von Bürgermeister Villaraigosa 2005 und dessen Wiederwahl 2009 weiteren Auftrieb erhielt.

Gut 9 % der knapp 4 Mio. Angelenos sind Afroamerikaner, wobei ihre Zahl rückläufig ist. Weiße nicht-hispanischer Herkunft machen rund 29 %, Asiaten 13 % aus (Stand 2008). 1910 waren es noch etwa 36 % **Afroamerikaner,** in den 1920er-Jahren wuchsen die Rassenschranken und South Central und Watts wurden zu Rückzugsgebieten. Diese früheren „Schwarzenviertel" in South L.A. werden in den letzten Jahren zunehmend von Latinos vereinnahmt, während zu Geld gekommene Afroamerikaner wegzogen. Noch 1960 zählte L.A. den größten Schwarzenanteil in einer amerikanischen Stadt. Mit den Watts-Unruhen 1965 wuchsen Hass und Widerstand und der schon früher schlechte Ruf der Los Angeles Police (LAPD) – die damals v. a. durch brutale Übergriffe, Korruption und Vorurteile gegen Afroamerikaner und Latinos von sich Reden machte – verschlechterte sich weiter.

Die Chinesen und ihr Chinatown spielten seit der Gründung von L.A. eine bedeutende Rolle, da sie gleichermaßen am Eisenbahnbau wie am Goldrausch beteiligt waren, später auch am Bau der Aquädukte. Seit dem Zweiten Weltkrieg stieg der **asiatische Bevölkerungsanteil** konstant an, v. a. Zuwanderer von den Philippinen, aus Korea, Japan und Taiwan gesellten sich dazu. „Asian-Americans" stellen heute die drittgrößte Bevölkerungsgruppe.

GRÜNES L.A.

Anders als z. B. San Francisco, Portland oder Chicago hat Los Angeles in Sachen „grün", „umweltfreundlich" und „energiesparend" noch aufzuholen. L.A. ist viel eher bekannt für große Häuser, überdimensionierte Autos, rund um die Uhr betriebene Klimaanlagen und konstant laufende Rasensprenger.

HOLLYWOOD: JAHRMARKT DER EITELKEITEN

„Where the streets are paved with gold!" – Hollywoods Straßen sind zwar nie mit Gold gepflastert gewesen, doch Glamour, Glitzer und Glimmer, Stars und Sternchen, Dollars und Big Business sind hier immer noch zu Hause. Zwar ist einiges vom **Glanz und Mythos** dieses legendären Stadtviertels von L.A., in dem seit 1910 Filmgeschichte geschrieben wird, abgeblättert, doch in den letzten Jahren hat man sich erfolgreich bemüht, das Zentrum um die Kreuzung Hollywood und Highland wieder aufzupolieren. Besucher bestaunen nun wieder die einbetonierten Fuß- und Handabdrücke vor **Grauman's Chinese Theatre** und suchen auf dem **Walk of Fame** nach den bronzegerahmten Terrazzosternen ihrer Lieblingsstars.

Vom einstigen „Jahrmarkt der Eitelkeiten" merkt man heute nicht mehr viel: „The Industry", wie man die Filmwelt nennt, und das Showbiz haben sich in andere Regionen der Megalopolis Los Angeles zurückgezogen. Auch die **Stars** besitzen heutzutage **Traumvillen** in den Nobelvierteln Beverly Hills, Bel Air, Westside, Malibu oder im San Fernando Valley, wo sie abgeschottet und rund um die Uhr bewacht residieren. Dort ist es schon auffällig am Straßenrand zu stoppen und erst recht zu Fuß unterwegs zu sein. Fernsehserien wie „Fresh Prince of Bel Air", „Melrose Place" oder „Beverly Hills 90210" verraten dem „Normalsterblichen" jedoch immerhin ein paar Details.

Die Spitzenimmobilien findet man derzeit in **Bel Air** und v. a. in **Beverly Hills,** 1907 von Wilbur Cook gegründet und seit den 1920er-Jahren beliebt bei Stars und Prominenten. Bis heute fühlen diese sich in den palmengesäumten Avenues und schicken Einkaufsboulevards wohl. Wer den **Rodeo Drive,** seit 1914 die Shopping- und Promeniermeile von Beverly Hills, entlangschlendert, flaniert möglicherweise Seite an Seite mit Schauspielern, Millionären und Ölscheichs.

Die **Filmindustrie** gab zu Beginn des 20. Jh. ein recht profanes Debut: mit 5-Penny-Peepshows. 1908 wurden erstmals Dreharbeiten an die Westküste verlegt: Francis Boggs drehte eine Szene des „Grafen von Monte Cristo" in L.A., ein Jahr später produzierte Regisseur D. W. Griffith Teile des Stummfilms „In Old California" und 1911 eröffnete David Horsleys **Nestor Company** ein erstes Filmstudio. 1912 grün-

Am positivsten verläuft die Entwicklung im **Bereich der Ernährung.** Viele Restaurants servieren „organic, locally grown produce", „sustainable seafood", Fleisch, das frei ist von zusätzlichen Hormonen, und andere gesunde Gerichte aus lokaler Produktion. Der neueste Trend sind **Biobauern** mitten im Stadtgebiet, die kleine Farmen betreiben und sich zur South Central Farmers' Cooperative (www.southcentralfarmicro.com) zusammengeschlossen haben. Sie verkaufen ihre Frischeprodukte auch auf Wochenmärkten (s. S. 18).

„Grüne Hotels" stecken noch in den Kinderschuhen, doch man holt auch hier in atemberaubendem Tempo auf. **Recycling** wird, auch aufgrund der Bevölkerungsdichte und mangelnder Lagerflächen, hingegen schon lange betrieben. Beim Müllrecycling will die

ete dann der deutschstämmige Carl
aemmle die „Universal Film Manu-
icturing Company", später in *Uni-
ersal Studios* umbenannt. Mehr und
iehr unabhängige Unternehmen sie-
elten sich in Hollywood und Burbank
n und schon um 1915 wurde die
Mehrzahl aller amerikanischen Filme
i Hollywood produziert.

Hollywood war zur **Welthauptstadt**
er Filmindustrie geworden und
rächtige, exotische Kinopaläste wie
rauman's Chinese Theatre oder The
gyptian entstanden. Doch die Ära
nvergessener Monumentalstreifen
ie „*King Kong*" (1933) oder „*Gone
ith the Wind*" (1939) erhielt nach
em Zweiten Weltkrieg Konkurrenz
urch die **TV- und Musikindustrie:**
947 nahm **KTLA** als erster Sender
en Betrieb auf, 1952 folgte **CBS**. Eine
eit der billigen TV-Serien-Produktio-
en in den 1960er-/70er-Jahren läute-
e fast den Ausverkauf von Hollywood
in. Erst ab den 1990er-Jahren sorg-
en Filme wie „*Jurassic Park*", „*Pret-
ı Woman*" oder „*Titanic*" wieder für
ufmerksamkeit und volle Kassen und
iachten Hollywood wieder zur Ikone
ür eine finanzkräftige Film-, Medien-
nd Unterhaltungsbranche.

Stadtverwaltung bis zum Jahr 2015
die 70 %-Marke erreichen. Was **LEED-
Zertifizierungen** (Leadership in Ener-
gy and Environmental Design) im Bereich der Architektur angeht, gibt es
bereits einige „grüne" Bauten, darunter z. B. der Neubau des Tom Bradley International Terminals (TBIT) am
Flughafen LAX.

Der Großteil der **Energie** kommt
noch aus Kohlekraftwerken in Arizona und Utah, nur bei 6 % handelt es
sich bisher um erneuerbare Energi-
en. Dieser Wert soll durch **Solarener-
gie** (Mojave Desert), **Biokraftwer-
ke, Windenergie** (bei Palm Springs)
und energiesparende **Architektur** in
den nächsten Jahren stetig erhöht
werden.

Die **Luftqualität** ist noch immer ein
wunder Punkt, besonders im Sommer liegt eine dicke gelbe Smogglo-
cke über der Stadt. Obwohl das Freewaynetz seit den 1970er-Jahren nicht
weiter ausgebaut wird, trägt der konstant dichte Verkehr auf den Straßen
wesentlich zur Luftverschmutzung
bei. *Carpool lanes* (Spezialfahrspu-
ren für Autos mit mehreren Insassen)
wurden geschaffen und der Ausbau
des **öffentlichen Nahverkehrs** voran-
getrieben. Umweltfreundliche Bahnen
bedienen zumindest zentral gelegene
Stadtviertel und Busse werden großteils mit Gas betrieben. Allerdings
stößt der Nahverkehr in L.A. aufgrund
der Dimensionen der Stadt zwangsläufig auf Grenzen und kann diesbezüglich nicht mit anderen Städten ver-
glichen werden.

Die **Wasserversorgung** ist in L.A.
ebenfalls noch immer eines der großen Probleme. Appelle zur Reduzie-
rung der Wasserverschwendung, z. B.
für Rasenbewässerung, sowie die Einführung neuer, sparsamer Bewässe-
rungssysteme für öffentliche Anlagen
greifen nur langsam. Dafür wächst
der Widerstand in den regen- und
wasserreichen Regionen in der Sierra Nevada und den Rocky Mountains,
die Wasser ins verwöhnte L.A. liefern
müssen. Inzwischen setzt man sich
auch für die Sauberkeit der Küsten
ein: „**Heal the Bay**" (www.healthebay.
org) ist eine Initiative zur Verbesserung der Wasserqualität v. a. in der
Santa Monica Bay.

„LOVE AFFAIR" MIT DEM AUTO

„We're gonna ride it 'til we just can't ride it no more / From the South Bay to the Valley / From the West Side to the East Side ..."

Die eigenwillige Liebeserklärung des Liedermachers Randy Newman an „seine" Stadt in dem Song „I Love LA" bringt die Bedeutung des Autos für den Angeleno auf den Punkt. Denn dass die Bewohner eine *love affair* mit ihrem fahrbaren Untersatz haben und vielfach mehr Zeit im Wagen als zu Hause verbringen, ist eine Tatsache.

Wer einmal länger in L.A. gewesen ist, weiß, warum das Auto für einen Angeleno zur „zweiten Wohnung" geworden ist. Autobahnen räkeln sich wie die Arme einer riesigen Krake durch die Landschaft und scheinen sich unauflöslich zu verheddern. L.A. ist eine **Autostadt** und obwohl der **öffentliche Nahverkehr** ausgebaut wird – das Schnellbahnnetz gilt schon jetzt als eines der längsten der Welt –, kann man in L.A. eigentlich nie aufs Auto verzichten: „Going to LA without a car is like going to NY without shoes – it's possible, but painful!" (M. Dowell, Senior Director des LACVB, s. S. 106).

Bereits 1915 besaßen die 750.000 Einwohner der Region über 55.000 Autos und schon damals war **cruising**, das ziellose Herumfahren mit dem Auto unter dem Motto „sehen und gesehen werden", eines der beliebtesten Freizeitvergnügen. 1940 war mit dem Arroyo Seco Parkway von Downtown nach Pasadena der **erste vierspurige Highway** mit einem Limit von 45 mph eröffnet worden, es folgte der achtspurige Hollywood Freeway (Downtown – Hollywood – San Fernando Valley), dessen erster Abschnitt ebenfalls 1940 eröffnete. Als Präsident Eisenhower 1956 den „Federal-

Aid Highway Act" zum Bau eines US-weiten Interstate-Systems ausrief, war das Freeway-Netz in Los Angeles bereits weit gediehen. In rund 15 Jahren entstanden gut 320 km an Freeways um L.A. und erst Mitte der 1970er-Jahre flaute die Bauwut ab – heute umfasst das Freewaynetz der Stadtautobahnen etwa 1000 km!

Ab den 1930er-Jahren war mit den Straßen zugleich eine **„drive-up and drive-thru culture"** aufgekommen. Mit der „Miracle Mile", dem Abschnitt des Wilshire Blvd. zwischen Fairfax und La Brea Ave., setzte A.W. Ross eine gute Idee um: Er erwarb nicht nur in weiser Voraussicht um 1920 Farmland, sondern ließ gleich passend zur Straße und um Autofahrer anzulocken Läden, Lokale und Parkplätze bauen. Auf dem meilenlangen Streifen entstanden Coffeeshops und *eateries* in futuristischer Googie Architecture (s. S. 36).

Wachsende Mobilität, zunehmender Dezentralismus und schier unbegrenztes Siedlungswachstum sind Ursachen für die „Automanie" in L.A. Selbst zum Einkaufen muss man mehrere Kilometer fahren. Konstant verstopfte Straßen und schlechte Luft sind die Folgen. Dazu kommt, dass es kaum erschwingliche Wohnungen im Zentrum gibt und immer längere Anfahrtswege in Kauf genommen werden müssen. Inzwischen ist die **„car based culture"** in der Stadt fast am Ende angelangt, deshalb baut L.A. seit einigen Jahren den **Schienennahverkehr** konsequent aus und es wurden *carpool lanes* (für Fahrgemeinschaften) auf den Freeways angelegt. Ob das viel an der Misere ändert, bleibt abzuwarten, denn allein die Distanzen innerhalb der Megalopolis sprengen alle Maßstäbe.

LOS ANGELES ENTDECKEN

005ia Abb.: mb

Die Suche nach der Stadt scheint zwecklos – man fährt stundenlang durch gleichförmige Wohnsiedlungen, steht immer wieder im Stau, ist genervt und wundert sich, wo denn nun Los Angeles eigentlich liegt und Hollywood zu finden ist. Dann ein Lichtblick: Vor der malerischen Bergkulisse der schneebedeckten Sierra Nevada entdeckt man die glitzernde Skyline von Downtown L.A.

EXTRAINFO

Unterwegs in Downtown

Wohnt man in Downtown, kann man bei der Erkundung der Innenstadt auf das eigene Auto verzichten. Viele Strecken lassen sich zu Fuß zurücklegen, zudem führen vier Linien der **Metro Rail** (als U-Bahnen) in bzw. durch das Zentrum und fünf **DASH-Buslinien** ermöglichen schnelles Herumkommen für nur $ 0,35 pro Fahrt (s. S. 124).

DOWNTOWN

Downtown L.A. bietet nicht nur spektakuläre Bauten und historische Relikte, sondern erlaubt auch das Eintauchen in ganz verschiedene Welten – chinesische, mexikanische oder japanische. Daneben locken aber auch Kultur und Unterhaltung, Sport und Shopping.

Noch in den 1960er-Jahren hatte man das Problem, die Innenstadt überhaupt zu finden. Damals gab es noch keinen einzigen Wolkenkratzer, denn aus Angst vor Erdbeben hatte man sich für ein Bauen in die Breite, für *horizontal architecture*, entschieden. Diesem Prinzip ist man bis heute grundsätzlich treu geblieben, allerdings mit Ausnahmen wie Downtown oder Century City, wo in den letzten Jahrzehnten spektakuläre Hochhauskonglomerate entstanden.

❶ EL PUEBLO DE LOS ANGELES ★ [D2]

Der ideale Ausgangspunkt für einen Stadtrundgang ist der El Pueblo de Los Angeles Historic Park an der Olvera Street, gegenüber dem Bahnhof. 1781 schlug hier die Geburtsstunde der Stadt: In der Nachbarschaft des Indianerstammes der Tongva hatten an die 40 Siedler – nur zwei der *pobladores* waren aus Spanien, der Rest in Mexiko geborene Indianer, Schwarze oder Mestizen (Mischlinge) – ein kleines Dorf mit großem

EXTRAINFO

Sightseeing: Distanz und Zeit

L.A. unterscheidet sich durch seine **Dimensionen** fundamental von anderen Großstädten. Obwohl in diesem Buch bei **Besuchszielen** zumeist der öffentliche **Nahverkehr** angegeben wurde, ist zu berücksichtigen, dass Busse oft extrem lang brauchen und dann manchmal auch noch **Fußmärsche** nötig sind, um ans Ziel zu gelangen. Selbst mit dem **Auto** sollte man bei der Zusammenstellung des Besuchsprogramms die Entfernungen nicht unterschätzen, zumal Museen und Attraktionen **über den ganzen Großraum verteilt** sind. Eine Grundregel der Einheimischen lautet: „Plane immer eine Dreiviertelstunde extra ein!" – damit ist man entweder 15 Minuten zu früh – oder zu spät – dran ...

◀ *Vorseite: „Kick Ass" heißt eine 2010 angelaufene Komödie von Matthew Vaughn*

Namen gegründet: **El Pueblo de Nuestra Señora la Reina de Los Angeles de Porciúncula.**

Die restaurierten und unter Denkmalschutz gestellten Überbleibsel dieser alten spanisch-mexikanischen Siedlung gruppieren sich um den alten Marktplatz, **La Placita** mit Denkmälern und Bühne, und entlang der Olvera Street. Das ganze Areal ist heute ein touristischer Anziehungspunkt mit bunten Marktständen und Straßenhändlern, Souvenirshops und Restaurants. Abends, wenn Tequila, Margeritas und Bier für Stimmung sorgen, spielen Mariachi-Bands an den Tischen auf, die sich unter vollen Tellern mit Tacos, Enchiladas, Tortillas und anderen mehr oder weniger authentisch-mexikanischen Spezialitäten biegen.

An die Vergangenheit erinnern historische Bauten wie die **Avila Adobe** von 1818 und damit das älteste erhaltene Haus der Stadt, das **Sepulveda House** (1887), das **Old Plaza Firehouse** (1884) oder die alte **Missionskirche Nuestra Señora la Reina de Los Angeles** (N Main St./Sunset Blvd.), die allerdings zwei Vorgängerinnen hat. Der erhaltene Kirchenbau stammt aus den Jahren nach 1860.

❯ El Pueblo Visitor Center im Sepulveda House, Main/Olvera St., Mo.–Sa. 10–16 Uhr, Gelände (Läden/Restaurants) tgl. 10–22 Uhr (im Winter 10–19.30 Uhr). Avila Adobe und Sepulveda House, tgl. 9–16 Uhr (Eintritt frei). Infos (auch zu Veranstaltungen): www.ci.la.ca.us/elp. Anfahrt: Metro Rail – Red, Purple, Gold Line bis „Union Station".

▶ *Architektonisch sehenswerte „Eisenbahnkathedrale" aus den 1930er-Jahren: die Union Station* ❷

O22la Abb.: mb

❷ UNION STATION ★ [D2]

Direkt gegenüber von El Pueblo liegt der sehenswerte **Hauptbahnhof** der Stadt, die Union Station. In den späten 1930er-Jahren erbaut, gilt das Gebäude als Musterbeispiel des spanisch-mexikanischen Baustils mit Streamline-Elementen (s. S. 37) und als perfekte Verkörperung von einstigem Reiseluxus. Noch heute dient der Bahnhof als End- bzw. Startpunkt der Fernzüge der halbstaatlichen Eisenbahngesellschaft Amtrak, dazu als Haltepunkt für die lokalen Nahverkehrszüge sowie der Metro Rail.

❯ 800 N Alameda St., Anfahrt: Metro Rail – Red, Purple, Gold Line bis „Union Station"

ÖFFENTLICHE KUNST AN METRO-BAHNHÖFEN

023la Abb.: LACVB/MTG

Los Angeles Metro (s. S. 124) hat ein **Public Art Project** *ins Leben gerufen, bei dem in Bahnhöfen im ganzen County Kunstwerke zu lokalen Themen gezeigt werden. Seit 1989 hat das Metro Art Department über 300 vorwiegend einheimische Künstler beauftragt,* **Busstationen und Bahnhöfe,** *aber auch* **Busse** *u. a. künstlerisch auszugestalten.*

Ausführliche Informationen zu dem Projekt finden sich im Internet unter: www.metro.net/about/art.

Beispiele an der Red Line:

❯ *Union Station: Wandbild „LA: City of Angels" von Cynthia Carlson*
❯ *Civic Center Station: „Under the Living Rock", Glasmosaik von Samm Kunce*
❯ *Pershing Square Station: „Neons for Pershing Square Station", Neonkunst von Stephen Antonakos*
❯ *7th Street/Metro Center Station: „The Movies: Fantasies and Spectacles", zwei Wandbilder zum Thema Film von Joyce Kozloff*

---

❸ CHINATOWN ⭐　　　　　　[C1]

Nördlich der Union Station gilt das sich über acht Blöcke entlang dem N Broadway ausdehnende Chinatown als **ältestes seiner Art in den USA**. Hier sollen gut 12.000 Menschen leben, das Zentrum befindet sich um den Sunyat-Sen Square. Zwar lässt es sich nicht mit dem berühmteren und größeren Chinesenviertel in San Francisco vergleichen, doch auch hier werden in den Läden neben viel Kitsch authentische Waren aus China, Taiwan und Hongkong verkauft und die Restaurants bieten Köstlichkeiten des Fernen Ostens.

❯ Anfahrt: Metro Rail – Gold Line bis „Chinatown"

▲ *Viele Metro-Stationen in L.A. wurden von einheimischen Künstlern aufwendig gestaltet*

Kulinarisches Chinatown

🖩184 [C1] **Hop Woo BBQ & Seafood Restaurant,** 845 N Broadway. Große preiswerte Kombiplatten mit viel *seafood,* aber auch Fleisch oder Hummer. Bis spätnachts geöffnet.

🖩185 [C1] **Phò Restaurant,** 942 N Broadway. Phò, die vietnamesische Nudelsuppe, wird hier serviert. Außerdem gibt es *eggrolls* und große Portionen Fleisch, z. B. *rice and pork chop.*

⊖186 [C1] **Wonder Bakery,** 943 N Broadway. Bäckerei, die asiatische Traditionen mit modernen Errungenschaften kombiniert: Espresso, Smoothies und Säfte werden zu den *sesame balls,* Cremekuchen, *sweet-bean pies* oder Fleischtaschen serviert. Gut sind auch die *soft buns* mit süßen oder salzigen Füllungen.

❹ CITY HALL ★　　　　[C3]

Einen Block südlich von El Pueblo bildet die monumentale **City Hall** den Kern des sogenannten **Civic Center District.** Zwischen 1928 und 1964 galt das Rathaus mit seinen 27 Etagen noch als höchster Bau der Stadt, denn aus Angst vor Erdbeben waren lange keine Hochhäuser erlaubt. Obwohl inzwischen ringsum zahlreiche moderne *skyscraper* das Rathaus überragen, lohnt der Ausblick vom 27. Stock des Rathausturms sich immer noch.

Schräg gegenüber fällt das klotzige Gebäude der **L.A. Times** ins Auge, eine der größten Tageszeitungen Amerikas, die 1881 als „Los Angeles Daily" gegründet worden war.

Heute, in Krisenzeiten der Printmedien, sucht die Times ungewöhnliche Verdienstmöglichkeiten und vermietet den Bau auch für Dreharbeiten an die Film- und TV-Industrie.

❯ **City Hall Observation Level,** 200 N Main St., 27th floor, Mo.–Fr. 9–17 Uhr, Eintritt frei, Anfahrt: Metro Rail, Red, Purple Line bis „Civic Center"

❺ CATHEDRAL OF OUR LADY OF THE ANGELS ★　　[B3]

Aus den gleichförmigen Verwaltungsbauten südlich von El Pueblo, ragt die architektonisch ungewöhnliche Cathedral of Our Lady of the Angels heraus, die kaum rechte Winkel aufweist und doch an spanische Missionskirchen erinnert. Die **Bischofskirche** des Erzbistums Los Angeles, das über 4 Mio. Gläubige zählt, wurde 2002 nach Plänen des spanischen Architekten José Rafael Moneo fertiggestellt und bietet 3000 Menschen Platz. Von innen wie von außen wirkt der Bau luftig und leicht und ähnelt kaum einer typischen Kirche. Sehenswert ist die monumentale „Our Lady of the Angels" am Hauptportal, geschaffen von Robert Graham.

❯ 555 W Temple St., kostenlose Touren Mo.–Fr. 13 Uhr (ab Eingang Temple St.), Anfahrt: Metro Rail – Red, Purple, Gold Line bis „Union Station"

❻ WALT DISNEY CONCERT HALL ★ ★ ★　　[B3]

Ein Blickfang in Downtown L.A. ist die 2003 fertiggestellte Walt Disney Concert Hall, ein mehrteiliges, abenteuerlich geschwungenes, organisches Gebilde aus silbernen Metallplatten, in denen sich die Sonne Südkaliforniens und die üppige Vegetation des zugehörigen Parks effektvoll spiegeln.

Lillian Disney, Ehefrau von Walt Disney, hatte 1987 der Stadt eine Spende zukommen lassen, die sie mit der Auflage verband, dass das Geld als Grundstock für den Bau einer **städtischen Konzerthalle** verwendet werden sollte. Der berühmte kanadische Architekt Frank Gehry erhielt den Auftrag und es entstand eine der architektonisch meist diskutierten, auffälligsten und bedeutendsten Konzerthallen der Welt. Sie wird jedoch zugleich für ihre **hervorragende Akkustik** – dafür zeichnet der Japaner Yasuhisa Toyota verantwortlich – viel gerühmt. Die Halle verfügt über 2265 Plätze, die ungewöhnlicherweise im Kreis um das Orchester angeordnet sind, wobei die Sitze hinter der Orchestra besonders preiswert zu haben sind. Eine mächtige Orgel – von den Angelenos spöttisch „French Fries" genannt – lässt den Raum wie eine Kathedrale wirken. Derzeit ist der 28-jährige Gustavo Dudamel aus Venezuela, der als „Mozart des 21. Jh." gilt, Musikdirektor der **L.A. Philharmonic,** die hier zu Hause ist.

Die **Innengestaltung** mit viel Holz, Kunstwerken und in warmen Farben gehalten, steht im Kontrast zum **äußeren Erscheinungsbild** der von dünnen silberglänzenden Stahlplatten verkleideten mehrteiligen Halle. Die Formen sollen an Segel – Gehry ist begeisterter Segler – und an Rosen erinnern. Letzteres ist eine Referenz an die Sponsorin und ihre Liebe zu Gärten. Ihr zu Ehren hat Gehry auch einen außergewöhnlichen **Roof Garden** (frei zugänglich) mit Rosenbrunnen aus Delfter Porzellan hinzufügen lassen.

Die Disney Concert Hall ist Teil des **Music Center** (s. S. 30), mehrerer Bauten, die sich entlang der Grand Avenue nordwärts anschließen und in denen Los Angeles Master Choir, Symphonie Orchestra und Opera zu Hause sind.

❭ 111 S Grand Ave., www.laphil.com/visit/tours, Roof Garden tgl. 9–23 Uhr, Besichtigung innen auf eigene Faust (mit kostenlosem Audioguide) tgl. 10–14 Uhr, Gratistouren ab Lobby Do.–So. 12/13 Uhr, mit Café und gut sortiertem Laden. Music-Center-Touren: http://musiccenter.org/visit/toursched.html. Anfahrt: Metro Rail – Red, Purple Line bis „Civic Center".

❼ MOCA (MUSEUM OF CONTEMPORARY ART) ★★ [B4]

Die Grand Avenue, an der auch die Walt Disney Concert Hall ❻ liegt, ist die Hauptachse von **Bunker Hill.** Einst ein Nobelwohnviertel, erstreckt sich heute hier der von modernen Wolkenkratzern dominierte **Financial District.** Gegenüber der Concert Hall befindet sich in einem ungewöhnlichen, postmodernen Gebäudekomplex des japanischen Architekten Arata Isozaki aus dem Jahr 1986 das **Museum of Contemporary Art.** Es zeigt eine der bedeutendsten amerikanischen Sammlungen moderner und zeitgenössischer Kunst verschiedenster Genres von Künstlern wie Rothko, de Kooning, Pollock, Kline, Rauschenberg, Rosenquist, Oldenburg, Warhol, Francis, Flavin, Stella oder Ruscha. Hinzu kommen spektakuläre Wechselausstellungen.

► *Zeitgenössische Kunst bildet den Schwerpunkt der Ausstellung im MOCA* ❼

Das unterirdisch gelegene Museum verfügt über zwei weitere Filialen, eine in Little Tokyo – **The Geffen Contemporary** (s. S. 35) – und das **Pacific Design Center** (s. S. 34) in West Hollywood, wo Wechselausstellungen zu zeitgenössischer Architektur und Design stattfinden.

❯ 250 S Grand Ave., www.moca.org, Mo./Fr. 11–17, Do. 11–20, Sa./So. 11–18 Uhr, $ 10, mit schönem Museumsladen (Schmuck, Bücher, Magazine) und Café lemonade, Anfahrt: Metro Rail – Red, Purple Line bis „Civic Center"

❽ GRAND CENTRAL MARKET ★ [C4]

Nur Schritte vom MOCA entfernt, wirkt das altehrwürdige Hotel **The Millennium Biltmore** (s. S. 121) in braunem Ziegel inmitten all der topmodernen Bank- und Versicherungs-Hochhausbauten fast wie ein Fremdkörper. 1923 an der Grand Avenue erbaut, zählt es zu den nobelsten Herbergen des Westens und ist bei Prominenten aller Genres beliebt. An der Südseite des Hotels breitet sich der **Pershing Square** aus, 1866 als erster Stadtpark angelegt. Monumente, Denkmäler und Brunnen verteilen sich auf dem Platz, auf dem im Sommer Konzerte (s. S. 31) und ein Markt stattfinden und der einen beliebten Ruhepol im geschäftigen Zentrum darstellt.

Vom Pershing Square ist es ein Katzensprung zum **Broadway** und dort glaubt man sich nach Mexiko versetzt: Man spricht spanisch, fährt südländisch und es riecht nach Tortillas, die wie auch Früchte am Straßenrand verkauft werden. Ramschläden und Kleidergeschäfte reihen sich aneinander, doch Ziel der meisten Besucher ist der **Grand Central Market**. Seit 1917 werden in dieser Halle Obst, Gemüse und mexikanische Spezialitäten an den Verkaufs- und Imbissständen angeboten.

Pupusas

Sarita's Pupuseria im Grand Central Market ❽ ist bekannt für frische und preiswerte Tortillas. Die handgemachten Maistortillas werden als *pupusa revueltas* wie Teigtaschen mit Käse, Bohnen und *chicharrón* (Speckkrusten) gefüllt oder als Basisvariante *frijol y queso* (Bohnen und Käse) mit Krautsalat serviert. Dazu trinkt man am besten *watermelon agua fresca*.

Japanische Leckereien

🚹**187** [D4] **Curry House**, 123 Onizuka St./Weller Court. Mittags und abends gibt es hier lange Warteschlangen für preiswertes Curry.

🚹**188** [D4] **Kouraku**, 314 E 2nd St. Diner mit günstigen Nudelgerichten.

⊖**189** [D4] **Mikawaya**, Japanese Village Plaza Mall. Seit 1910 existierende Bäckerei mit feinem Eis.

🚹**190** [E4] **Tenno Sushi**, 209 S Central Ave. Günstige Sushi und Rolls.

Einst erstreckte sich um den Broadway der **Broadway Historic Theatre District,** von dem als eindrucksvollste Beispiele das **Los Angeles Theatre** (Ecke 6th St.) und das **Orpheum Theatre** (s. S. 30) sowie das **Bradbury Building** (304 Broadway) von 1893 übrig geblieben sind. Der bizarre Innenraum von Letzterem diente u. a. als Kulisse für den Science-Fiction-Klassiker „Blade Runner“.

Dass man sich im **Jewelry District** (Hill St./Broadway, 5th–8th St.) bewegt, merkt man an den blinkenden Schaufensterauslagen, den Kippa tragenden jüdischen Ladenbesitzern und dem bulligen Wachpersonal. Auch die **Los Angeles Central Public Library** (630 W 5th St.) und das **Downtown L.A. Visitor Information Center** (s. S. 106) liegen in nächster Nähe.

❯ 317 S Broadway, tgl. 9–18 Uhr, Anfahrt: Metro Rail – Red, Purple Line bis „Pershing Square“

Snack im Fashion District

🚹**191** [C5] **Blu LA Cafe**, 126 E 6th St. Preiswertes Lokal und Weinbar mit Burgern, Sandwiches und Salaten sowie Frühstück und Desserts.

❾ LITTLE TOKYO ★   [D4]

Südlich der Union Station erstreckt sich zwischen 1st und 2nd sowie Alameda und Los Angeles Street Little Tokyo mit der **Japanese Village Plaza** (1st St./Central Ave.) im Zentrum. Dort beginnt der „Little Tokyo Walk“ – ein markierter Rundgang durch das Viertel mit Informationstafeln. Konzentriert im Japanese Village und dem nahen Wolden Court bieten Läden und Lokale japanische Produkte und Spezialitäten an. Wer sich für die Geschichte der Japaner in den USA interessiert, sollte das **Japanese American National Museum** (s. S. 33) besuchen. Daneben befindet sich das **Geffen Contemporary** (s. S. 35), eine der beiden Filialen des MOCA ❼.

❯ Anfahrt: Metro Rail – Gold Line bis „Little Tokyo“, Bus 30, 40, 42 bis „Judge John Aiso/1st“

❿ FASHION DISTRICT ★   [C6]

Weiter im Süden, zwischen Main und San Pedro sowie 7th und 16th St., erstreckt sich der **Fashion District.** Dort locken preiswerte Designerläden, New Mart (s. S. 16), California Market Center (s. S. 17) und Cooper

Design Space (860 S Los Angeles St.) zum Einkaufsbummel. Das **FIDM (Fashion Institute of Design & Merchandising)** betreibt nicht nur ein kleines **Museum** (s. S. 32), sondern auch einen Laden, in dem man günstig Accessoires (Schmuck), Bücher, Handtaschen und Kleidung – entworfen von Studenten der Schule – erwerben kann. Das Museum zeigt interessante Wechselausstellungen und verfügt über eine beachtliche Sammlung von mehr als 10.000 Kostümen, Accessoires und Stoffen vom 18. Jh. bis heute, darunter viele Theater- und Filmkostüme.

❯ Anfahrt: Metro Rail – Purple, Red, Blue Line bis „7th St./Metro Center"

⓫ L.A. LIVE MIT GRAMMY MUSEUM ★ ★   [A7]

Zwischen 2007 und 2010 entstand mit L.A. LIVE in der südlichen Innenstadt ein großer, moderner **Entertainmentkomplex.** Außer Restaurants und Bars, Kinos und Musikklubs sorgte v. a. das **Marriott Hotel** (s. S. 121), dessen obere Etagen das Luxushotel Ritz Carlton einnimmt, für eine touristische Wiederbelebung von Downtown. Beliebt ist der **Club Nokia** (s. S. 29), der mit seinen 2300 Plätzen als Konzertbühne dient, und der legendäre Klub **Conga Room** (s. S. 28) zieht ebenso junge Leute an wie die Lucky Strike Lanes, eine Bowlinganlage mit 18 Bahnen.

Interessant für Besucher ist aber v. a. das dem Komplex zugehörige **GRAMMY Museum.** Dort geht es um den „Oscar der Musikindustrie" – Auszeichnungen, die seit 2008 hier vergeben werden. Auf vier Etagen geht es um Musiklegenden, Stars und Bands, Labels und Aufnahmestudios, große Produzenten, die Geschichte der Awards und die Musikentwicklung im Allgemeinen. Dazu gehören Hörstationen, Filme und Wechselausstellungen. Außer einer Dachterrasse gehören die Grammy Sound Stage, eine Bühne mit 200 Plätzen, wo regelmäßig Konzerte stattfinden, und ein großer Shop zum Museum.

❯ GRAMMY Museum, S Figueroa St., www. grammymuseum.org, So.–Fr. 11.30–19.30 und Sa. 10–19.30 Uhr, $ 12,95. Infos zu L.A. LIVE (auch zu Veranstaltungen): www.LALive.com. Anfahrt: Metro Rail – Blue Line bis „Pico"

⓬ EXPOSITION PARK ★   [dh]

Südlich an den Campus der **University of Southern California (USC)** schließt der **Exposition Park** an. 1913 zur Weltausstellung entstanden, wurden anlässlich der Olympischen Sommerspiele 1932 und 1984

▶ *Im GRAMMY Museum* ⓫ *geht es um die berühmteste Auszeichnung der Musikindustrie*

mehrere Sportstätten hinzugefügt. Erhalten ist das **Los Angeles Coliseum,** die 92.000 Plätze fassende Hauptarena der Spiele von 1984. Heute trägt hier das beliebte College-Football-Team der USC seine Heimspiele aus. Die Basketballteams der Uni spielen in der nahen **Los Angeles Memorial Sports Arena,** einer Sporthalle für 16.000 Fans.

Im Zentrum des Parks lädt ein herrlicher **Rosengarten** mit etwa 17.000 Pflanzen von 750 Sorten zur Pause ein. Hauptgrund für einen Besuch des Parks sind jedoch **zwei ungewöhnliche Museen:** das Natural History Museum ⓭ und das California ScienCenter ⓮.

❯ Anfahrt: Metro Rail – Expo Line bis „Expo Park/USC" (Fertigstellung des ersten Abschnitts im Laufe des Jahres 2011, Infos: www.metro.net), derzeit ab Downtown Busse Nr. 40, 42 und 740

⓭ Natural History Museum of LA County (NHM) ★ ★ ★   [dh]

Das „NHM" wird 2013 hundert Jahre alt und durchläuft gegenwärtig eine umfangreiche Renovierung. Es gehört zu den größten Naturkundemuseen der USA und bietet für Jung und Alt interessante Abteilungen, für die man genügend Zeit einplanen sollte.

Beim NHM handelt es sich um das erste öffentliche Museum Kaliforniens. Zu ihm gehörte ursprünglich auch das Los Angeles County Museum of Art ㉓. Um das mittlerweile etwas in die Jahre gekommene Museum, zu dessen Bestand 16 Mio. Ausstellungsstücke gehören, attraktiver zu gestalten, wird der repräsentative klassizistische Bau im Beaux-Art-Stil, der von der Weltausstellung 1913 übrig geblieben ist, umfassend renoviert.

Um die elegante **Rotunde** an der Ostflanke, zum Rosengarten hin, mit einer Statue der drei Musen im Zentrum, die Kunst, Geschichte und Wissenschaften repräsentieren, entstehen derzeit auch neue Ausstellungsbereiche. Nach modernsten Erkenntnissen und mit viel Hightech gestaltet, wurde bereits im Juli 2010 die Abteilung „**Age of Mammals**" neu eröffnet. Sie gibt einen Überblick über die Entwicklung der Säugetiere von grauer Frühzeit bis hin zum Menschen. Mittels Fossilien, Rekonstruktionen und interaktiven Medien werden der Simi Valley Mastodon, die Säbelzahnkatze oder der Wolf zu neuem Leben erweckt.

2011 soll die Abteilung „**Dinosaur Mysteries**" folgen, eine der größten Dinosaurier-Ausstellungen der Welt, und ab 2012 wird in „**Under the Sun**" Einblick in Kultur und Geschichte der Region gegeben. Bei der Neugestaltung wird auch ein Teil des Exposition Park miteinbezogen: Hier soll das Ökosystem der Region zur Sprache kommen.

Zu den Highlights des Museums gehört z. B. „**Dinosaur Encounters**", wo ein nachgebauter Dinosaurier durch Animation zum Leben erweckt wird. Ebenfalls einzigartig ist die umfangreiche **Gold- und Mineralienausstellung,** die u. a. einen der insgesamt nur drei existierenden roten Diamanten der Welt zeigt.

Abgesehen von den naturwissenschaftlichen sind die **historischen Abteilungen** sehenswert, z. B. zum präkolumbianischen Amerika, zur amerikanischen und zur kalifornischen Geschichte.

❯ 900 Exposition Blvd., www.nhm.org, tgl. 9.30–17 Uhr, $ 9. Konzerte, Führungen und Events jeweils am 1. Fr. im Monat. Anfahrt siehe Exposition Park ⓬.

🔴 California ScienCenter ★ ★ ★ [dh]

Mit bis zu zwei Millionen Besuchern ist das California ScienCenter nicht nur eine der Hauptattraktionen von L.A., sondern von ganz Kalifornien. Abgesehen von den abwechslungsreich multimedial gestalteten Abteilungen steht hier auch das größte IMAX-Kino Kaliforniens.

Einen Steinwurf vom NHM 🔴 entfernt, fällt der moderne Komplex des **California ScienCenter** ins Auge. Zahllose interaktive Exponate und Ausstellungen, die sich mit Themen rund um Wissenschaft und Natur, Ökologie, Industrie, Landwirtschaft, Biologie, Medizin, Raumfahrt etc. beschäftigen, fesseln alle Altersgruppen gleichermaßen. Das Besondere ist, dass die einzelnen Abteilungen sich als

026ia Abb.: LACVB/RC

bunte Mischung aus Informationen, Ausstellungsstücken, Multimedia und Spiel präsentieren.

Zu den besonders gelungenen Teilen gehört **„Ecosystems"**: Es geht um die Ökosysteme der Welt, ihre Bedeutung und ihren Schutz. Am Ende taucht der Besucher in die **„L.A. Zone"** ein, lernt spielerisch den Umgang mit dem Ökosystem Stadt und erfährt, wie wichtig Nachhaltigkeit und Umweltschutz in einer Megalopolis sind. Vier Aspekte stehen im Mittelpunkt: Wasser, Müll, Rohstoffe und Natur *(wildlife)*. Das ebenfalls zugehörige Aquarium widmet sich besonders dem **„Kelp Forest"**, in dem Seetang im Zentrum steht.

❭ 700 Exposition Park Dr., tgl. 10–17 Uhr, www.californiasciencecenter.org, Eintritt frei, IMAX-Filme (wechselnd) und Parken gegen Gebühr, Anfahrt siehe Exposition Park 🔴

Ausflug zu den Watts Towers

Tief in der South Side bilden die 30 m hohen Watts Towers ein bizarres **Folk-Art-Monument,** in das der Künstler **Simon Rodia** (geboren 1879 in Italien) 33 Jahre Arbeit ohne jegliche technischen Hilfsmittel gesteckt hat. Die Türme – der höchste ist 30 m hoch – sind ein Sammelsurium von Stahldrähten, Flaschen, Geschirr, Keramikfliesen, Bettstahlfedern und Zehntausenden von Muscheln und bilden ein skurriles Kunstwerk aus 17 verbundenen Einzelteilen, die von Weitem wie Gaudís Sagrada Familia in Barcelona wirken.

★192 [di] **Watts Towers,** 1711–1765 E 107th St./Graham Ave., Mi.–Sa. 10–16, So. 12–16 Uhr, $ 7, Touren (halbstündl.) Fr. 11–15, Sa. 10.30–15, So. 12.30–15 Uhr, www.wattstowers.us. Wechselausstellungen im zugehörigen Watts Towers Arts Center. Anfahrt: Metro Rail – Blue Line bis „103rd St." (nur tagsüber empfehlenswert).

▲ *Kurioses Werk eines Einzelkünstlers: Die Watts Towers sind ein Konglomerat von Schrott*

027la Abb.: LACVB/HCC

HOLLYWOOD

Es ist der mythische Ruf Hollywoods, der die meisten Besucher nach L.A. lockt. Der Stadtteil im Westen steht für Showbiz und Oscars, Filmstudios und Walk of Fame, Stars und kuriose Attraktionen. Doch Hollywood ist mehr, ist „Hollyweird" – das Viertel der schrägen Typen, Aussteiger und selbsternannten Sternchen.

Ein riesiger Schriftzug hoch über der Stadt, am Westabhang der Santa Monica Mountains mitten im Griffith Park, kündigt das berühmteste Stadtviertel von L.A. großspurig an: „H-O-L-L-Y-W-O-O-D". Der Name

leitet sich von „holly", der Stechpalme ab, allerdings ohne dass hier allzu viel Ilex gewachsen wären. Vielmehr hatte **Harvey Henderson Wilcox**, Immobilienmakler aus Chicago, 1886 für $ 24.000 Land am späteren Hollywood Boulevard, Ecke Cahuenga Ave., gekauft und ein Haus daraufgestellt, das von seiner Frau Daeida wegen des Gestrüpps im Garten „Hollywood" getauft wurde.

Eine Gruppe berühmter Investoren, die mit Immobilien Geld machen wollte, versuchte dann 1923 auf ungewöhnliche Weise, Siedler anzulocken: Ein **weithin sichtbarer Schriftzug** auf der 460 m hohen Hügelkette über dem Beachwood Canyon sollte auf den Ort und die zur Verfügung stehenden Grundstücke aufmerksam machen. Ein erfolgreicher **Werbeschachzug**, denn seither kann der Stadtteil westlich von Downtown auf eine erstaunliche Karriere zurückblicken: Aus einem kleinen verschlafenen Bauerndorf entwickelte sich

▲ *1923 als Werbeschild angebracht, heute das Wahrzeichen der Stadt: der Hollywood-Schriftzug*

H-O-L-L-Y-W-O-O-D

*Eine Gruppe cleverer Investoren, darunter **Harry Chandler,** der Herausgeber der L.A. Times, wollte in den frühen 1920er-Jahren in den Hollywood Hills Land verkaufen, und dies zu Zeiten, als dort die Besiedelung noch sehr dünn war. Man ließ zu **Werbezwecken** einen Schriftzug anfertigen, der ungefähr 15 m hoch, 137 m breit und von 4000 Glühbirnen erleuchtet war: „HOLLYWOODLAND" wurde am 13. Juli 1923 enthüllt und sollte ursprünglich nur für 18 Monate an Ort und Stelle bleiben.*

*Doch auch als das Land verkauft und bebaut war, blieben die Buchstaben stehen und gerieten 1932 sogar in die Nachrichten, als sich die 24-jährige britische Schauspielerin **Peg Entwistle** vom „H" hinab in den Tod stürzte. Ab den 1930er-Jahren wuchs der **Vandalismus,** 1949 fiel das „H" um und wenig später wurde „LAND" entfernt. Die anderen Buchstaben wurden renoviert, allerdings entfernte man die Glühbirnen. Bis 1973 stand die Schrift ohne jeglichen Schutz und Graffiti, Diebstähle und Feueranschläge gehörten zur Tagesordnung.*

*1978 war das Schild dermaßen heruntergekommen, dass die Hollywood Chamber of Commerce eine „**Save the Sign**"-Aktion ins Leben rief und innerhalb von 32 Tagen eine Viertelmillion Dollar sammelte. Playboy-Gründer **Hugh Hefner** veranstaltete eine Spendengala, bei der er „Paten" für einzelne Buchstaben anwarb. Dabei übernahm **Gene Autry** das zweite L, **Andy Williams** das W und Rocker **Alice Cooper** das mittlere O. 1978 wurde das alte Schild abgenommen und für $ 10.000 an einen Nachtklubbesitzer verkauft. Drei Monate später standen dann die neuen 13,7 m hohen Buchstaben, jeweils um die 10 m breit.*

*Im November 2005 war die erste **Generalüberholung** fällig: ein Neuanstrich in „Hollywood White". Unterdessen war auch der Originalschriftzug auf eBay verkauft worden und hatte sensationelle $ 450.400 eingebracht. Heute ist das Areal um das Hollywood Sign (Teil des Griffith Park) nicht mehr für die Öffentlichkeit zugänglich. Gute Sicht darauf hat man aber vom Griffith Observatory **36** und vom Hollywood & Highland **16**.*

das heute von unzähligen Touristen aus aller Welt heimgesuchte „Tinseltown", die „Lamettastadt".

Anfang des 20. Jh. hatten die ersten **Filmregisseure und Produzenten** von der Ostküste die klimatischen Vorteile Kaliforniens, die z. B. ganzjährige Außendrehs ermöglichten, für ihr expandierendes Gewerbe erkannt. Obwohl viele Studios längst in die Vorstädte abgewandert sind und man auch Stars und Sternchen hier nicht mehr häufig antrifft, sind immer

noch knapp 150.000 Menschen in diesem Wirtschaftszweig beschäftigt und Hollywood genießt ungebrochene Anziehungskraft.

Der Stadtteil ist heute wieder einen Besuch wert: War noch vor Jahren ein Bummel auf dem **Hollywood Boulevard** eine Enttäuschung, brachten Verschönerungsmaßnahmen in den letzten Jahren enormen Wandel. Neubauten und Renovierungen haben das Zentrum sauberer und attraktiver gemacht und die historischen

028la Abb.: mb

Bauten, v. a. Theater und Kinos, wurden auf Hochglanz poliert. Der neue Shopping- und Unterhaltungskomplex **Hollywood & Highland** 🔟, in dessen **Kodak Theatre** (s. S. 30) seit 2002 die Oscars verliehen werden, sorgte zusätzlich für Attraktivität.

🔟 WALK OF FAME ★ ★ ★ [h2]

Hauptanziehungspunkt Hollywoods ist der Hollywood Boulevard, die Hauptschlagader des gleichnamigen Stadtteils, mit seinem legendären, etwa 2,5 km langen Walk of Fame, auf dem sich Persönlichkeiten aus dem Showgeschäft verewigt haben.

Der Hollywood Boulevard ist **mit Sternen gepflastert**, genauer, mit sternförmigen, bronzegefassten pinkfarbenen **Terrazzoplatten mit Bronzeinschrift**. Der Walk of Fame zwischen La Brea und Gower sowie auf der Vine Street wurde 1958 ins Leben gerufen. Sein westliches Ende an der Ecke Hollywood Blvd./La Brea Ave. markiert ein silberglänzender **Gazebo** (Pavillon) mit einer bekrönenden Spirale, die die Aufschrift „Hollywood" trägt und von vier lebensgroßen „Gottheiten" getragen wird: Verkörpert sind die Schauspielerinnen **Mae West**, **Dolores Del Rio**, **Dorothy Dandridge** und **Anna May Wong**.

Beginnend mit **Joanne Woodward** (1960) wurden mittlerweile über **2400 Berühmtheiten** aus der Unterhaltungsindustrie, lebende und verstorbene, eingeteilt in die Kategorien „Motion Pictures" (Film), „TV", „Recording" (Musik), „Radio" und „Theater" und jeweils mit den entsprechenden Symbolen versehen, hier verewigt. Es sind nicht aber nur Stars, sondern auch Erfinder **Thomas Edison**, **Donald Duck** und drei Hunde – **Lassie**, **Rin Tin Tin** und **Strongheart** – vertreten.

Andererseits haben z. B. Robert Redford, Mel Gibson, Jane Fonda und Clint Eastwood bisher **noch keinen Stern** erhalten. Ein etwas mysteriöses **Komitee**, bei dem das Hollywood Chamber of Commerce mitmischt, entscheidet einmal jährlich über Nominierungen und wählt rund 20 Vorgeschlagene aus, die dann **$ 25.000** zahlen, um auf dem Fußweg verewigt zu sein. Ewiger Ruhm hat eben seinen Preis!

Marylin Monroe (1644 Hollywood Blvd.) gehört zu den meist besuchten „Stars", von ihr steht vor dem Hollywood Museum ⑱ zudem seit 2006 eine Statue von Dominico Neri. Aber auch **James Dean** (1719 Vine St.), **John Lennon** (1750 Vine St.) oder **Elvis** (6777 Hollywood Blvd.) sind stets umlagert. Einige Persönlichkeiten haben es sogar auf mehrere Sterne gebracht: **Bing Crosby** hat drei und der Schauspieler, singende Cowboy und einstige Baseballteam-Besitzer (Angels) **Gene Autry** sogar fünf.

❯ Ausgangspunkt: Hollywood Blvd./Ecke Highland Ave., Anfahrt: Metro Rail – Red Line bis „Hollywood/Highland"

❯ Mehr Infos: www.seeing-stars.com/immortalized/walkoffame.shtml

❯ Plan unter: www.hollywoodusa.co.uk/walkoffame.htm

⑯ HOLLYWOOD & HIGHLAND ★ [h2]

Ausgangspunkt für einen Rundgang und zugleich Herz von Hollywood ist der Entertainment- und Shopping-Komplex **Hollywood & Highland**, an der gleichnamigen Straßenkreuzung und Metrostation gelegen. Der 2001 eröffnete Multifunktionskomplex, der $ 567 Mio. verschlang, verfügt über Kinos, Restaurants und Filialen bekannter Modeketten wie

Star Toons

Hollywood Star Toons imitieren einerseits Comic- und Zeichentrickfiguren *(Cartoons)* wie Superman, Spiderman, Spongebob oder Batman und Robin, andererseits aber auch z. B. die Muppets und reelle Stars wie die Beatles, Elvis oder Marilyn Monroe. Sie sind am Hollywood Blvd. kein seltenes Bild, v. a. vor dem Grauman's Chinese Theatre und entlang dem Walk of Fame sind sie unterwegs, um sich von Touristen gegen eine Spende fotografieren zu lassen. Angeblich sind Streitereien und Konflikte zwischen den einzelnen Toons und rivalisierende Cliquen keine Seltenheit, ebenso sollen Taschendiebstähle (durch Ablenkung) und Drogendeals in den Toons-Kreisen verbreitet sein. Also beim Knipsen gut auf die Wertsachen aufpassen!

Banana Republic, Benetton, Gap, Hilfiger, Louis Vuitton oder Guess, dazu über ein Hollywood Visitor Information Center sowie ein Renaissance Hotel. Von hier aus bietet sich ein ausgezeichneter Blick auf die Santa Monica Mountains und das **Hollywood Sign** (s. S. 65).

Optisch wenig auffällig, stellt das **Kodak Theatre** (s. S. 30) die Hauptattraktion des Centers dar. Hier werden jeden Februar die Film-Oscars vergeben (Infos: www.oscars.org/awards).

◀ *Der Walk of Fame mit seinen bronzegefassten Sternen ist die Hauptattraktion von Hollywood*

Schräg gegenüber befindet sich der Vorgänger: Im legendären **Hollywood Roosevelt Hotel** (s. S. 122) fand im Jahre 1929 die erste Oscar-Verleihung statt. Eine kleine Ausstellung im Mezzanin (Zwischengeschoss) erinnert an jene Tage.

> Hollywood/Highland Ave., tgl. 10–22, So. bis 19 Uhr, mit Info-Kiosk, www. hollywoodandhighland.com, Anfahrt: Metro Rail – Red Line bis „Hollywood/ Highland"

⑰ GRAUMAN'S CHINESE THEATRE ★ ★   [h2]

Sid Grauman (1879–1950) war ein gewiefter Geschäftsmann und Besitzer der ersten Großkinos in L.A. Ehe er nach Hollywood kam, verdingte er sich als Goldsucher in Klondike. Zum Unternehmer aufgestiegen, pflegte er später gute Kontakte zu vielen Hollywoodstars und wurde v. a. wegen drei legendärer Kinopaläste in L.A. – neben dem Chinese Theatre das Million Dollar Theatre (307 S Broadway) von 1918 und das Egyptian Theatre ⑲ von 1922 – berühmt.

Das 1927 eröffnete **Grauman's Chinese Theatre** fesselte die Besucher nicht nur wegen der gezeigten Filme, sondern v. a. auch wegen der **exotischen Architektur.** Im Stil einer chinesischen Pagode und unter Verwendung vieler Originalteile aus China erbaut, beliefen sich die Baukosten für das Kino, das 2200 Zuschauer fasste und dazu eine Wurlitzer-Orgel und Platz für Orchester und Bühne hatte, auf stolze $ 2 Mio. Damals wurde auf ein vielseitiges Unterhaltungsprogramm mit Musik und Tanz zusätzlich zu den Filmen Wert gelegt.

Grauman führte außerdem auf dem Vorplatz vor dem prächtigen Portal eine neue Tradition ein: Die Stars der gezeigten Premierenfilme mussten sich in frisch verlegten Betonplatten mit **Fuß- und Handabdruck** sowie Unterschrift und Datum verewigen. Inzwischen sind es fast 200 Platten, die sich neben den Sternen auf dem dem Walk of Fame zur Hauptattraktion gemausert haben. Grauman erhielt für seine Verdienste selbst einen Stern auf dem Walk of Fame (6379 Hollywood Blvd.).

> 6925 Hollywood Blvd., Touren tgl. nach Bedarf $ 5, Kinoticket: $ 10, www. manntheatres.com/chinese, Anfahrt: Metro Rail – Red Line bis „Hollywood/ Highland"

⑱ HOLLYWOOD MUSEUM ★ ★   [h2]

Ende 2001 eröffnete im historischen **Max Factor Building** von 1914 das Hollywood Museum. Der Bau war 1928 von der Kosmetikfirma Max Factor bezogen worden, die 1909 von dem polnisch-jüdischen Immigranten Maximilian Faktorowicz gegründet worden war (heute Procter & Gamble). Factor wurde als „Kosmetik-Pionier" berühmt, arbeitete schon früh mit Hollywoodstars zusammen und nutzte sie, indem er ihnen teure Produkte zur Verfügung stellte, als Werbepartner.

Das etwas verschachtelt und eng wirkende **Museum** besteht aus vier großen Abteilungen: Im Mittelpunkt stehen auf zwei Etagen die Unterhaltungsindustrie und ihre bekanntesten Filme. Zudem erfährt der Besucher mehr über Max Factor, es gibt eine umfangreiche Autogramm- und Fotosammlung und im Untergeschoss eine etwas kuriose Ausstellung zu Horrorfilmen. Filmausschnitte und vielerlei Relikte – Kostüme, Kulissen, Fotos, Poster, Manuskripte

Snack in einer Filmkulisse

Mel's Drive-In bietet Gelegenheit, einen Snack in einer legendären Filmkulisse einzunehmen: Hier wurde einst „American Graffiti" gedreht.

◐193 [h2] **Mel's Drive-In,** 1650 N Highland, www.melsdrive-in.com

und Auszeichnungen – aus diversen Filmen und aus dem Besitz zahlreicher Stars machen das Museum zum **Muss für Filmfreunde.** Angeschlossen sind eine Bibliothek, ein Filmraum und ein Shop sowie der Imbiss Mel's Drive-In.

❯ 1660 N Highland Ave., Mi.–So. 10–17 Uhr, $ 15 (im CityPass enthalten), www. thehollywoodmuseum.com, Anfahrt: Metro Rail – Red Line bis „Hollywood/ Highland"

⑲ GRAUMAN'S EGYPTIAN THEATRE ★ [h2]

Am Hollywood Boulevard sind mehrere weitere alte Kinopaläste erhalten. So z. B. das **El Capitan Theatre** (6838 Hollywood Blvd.), das 1926 als Konzert- und Showbühne eröffnet worden war und 1941 bei der Premiere von „Citizen Kane" erstmals als Kino genutzt wurde. Zweites Highlight ist das aufwendig gestaltete, etwas kitschig wirkende **Egyptian Theatre.** Es war der erste große Filmpalast in Hollywood und wurde im ägyptisierenden Stil errichtet, der damals en vogue war. 1922 wurde das Theater mit dem Monumentalstreifen „Robin Hood", mit Douglas Fairbanks in der Hauptrolle, eröffnet. Ein Ticket kostete $ 5. Besitzer Sid Grauman hatte kurz zuvor mit dem ersten Filmtheater in den USA, dem **Million Dollar**

Theater am Broadway in Downtown, die Basis für sein Kino-Imperium gelegt. Vor der Säulenfront des prächtigen Egyptian Theatre wurde auf seine Idee hin erstmals bei Premieren ein roter Teppich ausgerollt, über den die jeweiligen Filmstars zur Vorführung schritten.

Mit dem Niedergang der Filmindustrie geriet auch das pompöse Kino in den 1970er-Jahren in Vergessenheit und der Abriss drohte. Engagierte Angelenos konnten das Juwel jedoch retten und der Bau wurde 1998 teilweise renoviert. Heute ist er Sitz der American Cinematheque, es werden wieder Filmklassiker gezeigt und regelmäßig finden Filmfestivals statt.

❯ 6712 Hollywood Blvd., Programm: Tel. 323 4663456, Tickets $ 11, www.egyptiantheatre.com, Anfahrt: Metro Rail – Red Line bis „Hollywood/ Highland"

⑳ HOLLYHOCK HOUSE ★ [dg]

Zwischen 1919 und 1921 realisierte der Architekt **Frank Lloyd Wright** sein erstes Projekt an der Westküste. Er war in seiner Heimatstadt Chicago für eine erstmals eigenständige amerikanische Wohnarchitektur bekannt geworden und galt als Begründer des Prairie Style. Etwas ungewöhnlich, aber passend für Hollywood, ist das Hollyhock House. Es wurde für die Ölerbin Aline Barnsdall im Stil eines alten **Mayatempels** inmitten eines großen Parks geplant. Mittlerweile unter Denkmalschutz, kann es wie der Barnsdall Park ringsum mit seinen rund 1000 Olivenbäumen besucht werden.

❯ 4800 Hollywood Blvd., Mi.–So. 12.30– 15.30 Uhr, www.hollyhockhouse.net, stdl. Touren, $ 7, Anfahrt: Metro Rail – Red Line bis „Vermont/Sunset"

㉑ HOLLYWOOD FOREVER CEMETERY ★ [j4]

1899 war der Hollywood Memorial Park Cemetery als Friedhof der damals noch kleinen Ortschaft angelegt worden. Die **Paramount Studios** (s. S. 71) entstanden wenig später im hinteren Teil, wo das heute letzte erhaltene klassische Hollywoodstudio noch immer steht. Allein schon dieser Umstand machte den Friedhof zur bevorzugten **Ruhestätte vieler Schauspieler, Drehbuchschreiber, Produzenten** und **Showstars** und noch heute finden sich z. B. am 23. August Filmfreunde am Grab von Rudolph Valentino ein oder schmücken die Gräber von Jayne Mansfield oder Douglas Fairbanks.

❯ 6000 Santa Monica Blvd., tgl. 7 – 18 Uhr, im Sommer mit Open-Air-Kino, www. hollywoodforever.com, Anfahrt: Bus 4 bis „Santa Monica/Van Ness"

㉒ UNIVERSAL STUDIOS HOLLYWOOD ★ ★ ★ [cf]

Die Universal Studios sind mit die bekanntesten Filmstudios weltweit. Seit das Filmgelände 1964 öffentlich zugänglich gemacht wurde, hat sich viel verändert: Seither handelt es sich um eine Art Vergnügungspark mit vielerlei Fahrgeschäften und Aktivitäten, Shops und Shows.

Die Universal Studios gelten als weltgrößtes Film- und TV-Studio, in dem bislang über 8000 Filme gedreht wurden. Zur Besucherattraktion wurde es ab 1964, als man öffentliche

▶ *Die Universal Studios sind mehr als nur ein Drehort: Es gibt ein Einkaufsareal, einen Vergnügungspark und Touren über das Gelände.*

Touren über das Gelände anbot und ringsum ein riesiger Vergnügungspark entstand, von dem es mittlerweile zwei Ableger in Orlando/Florida und Osaka/Japan gibt, die insgesamt über 25 Mio. Besucher jährlich anlocken.

1912 hatte der Schwabe Carl Laemmle die Studios, die damit zu den ältesten in den USA gehören, gegründet. Bereits in der Anfangszeit wurden Touren veranstaltet, um Filmfreunde an sich und die hier gedrehten Filme zu binden. Bekannt wurde Universal z. B. für Streifen von Steven Spielberg und Alfred Hitchcock, für „Men in Black", „Shrek", „Der Weiße Hai" und „Earthquake: The Big One".

Heute sind die Studiotouren eher zweitrangig, der dreiteilige Komplex hat weit mehr zu bieten: Den riesigen Parkhäusern am nächsten gelegen ist der **Universal CityWalk**, ein gratis zugänglicher Entertainment- und Shoppingkomplex bestehend aus etwa 30 Läden, Kinos (auch IMAX), rund 25 Lokalen, Bars und Nightspots sowie dem **Gibson Amphitheatre** (www. citywalkhollywood.com/concerts. php).

Vorbei am markanten **Universal Studios Globe**, einer silbernen Weltkugel mit Schriftzug und Brunnen, geht es zu den Ticketständen und zum Eingang in den **Vergnügungspark** mit einzelnen Themenkomplexen, Achterbahnen u. a. Fahrgeschäften, Shows und Vorführungen, Läden und Lokalen. Zu den Attraktionen zählen „Terminator 2", „Jurassic Park – The Ride", „The E.T. Adventure", „Waterworld – A Live Sea War Spectacular", die „Nickelodeon Blast Zone", „Animal Planet Live!" und – neu – „The Simpsons", eine ganze Abteilung für die berühmte Zeichentrick-Kultfamilie.

029la Abb.: mb

WEITERE STUDIOTOUREN

Die Universal Studios liegen genau genommen schon im **San Fernando Valley.** „The
Valley" mit Orten wie Burbank, Glendale,
San Fernando oder Chatsworth macht seit
den 1960er-Jahren einen enormen Wandel vom Agrarland zum „Schlafzimmer"
von L.A. durch. Heute leben in dem 40 mal
16 km großen Tal etwa 1,4 Mio. Einwohner
und die Region hat sich zum Zentrum der
Film- und TV-Industrie entwickelt. Die meisten Studios befinden sich in **Burbank** (Disney, NBC, Warner Bros. bzw. Universal) –
der Rest ist über L.A. verstreut, z. B. in Century City (20th Century Fox) oder Culver City
(Sony Pictures Studios). Nicht alle sind für
die Öffentlichkeit zugänglich, bei manchen
ist Anmeldung zu Touren nötig.

★**194** [bh] **Sony Pictures Studio Tour,**
10000 W Washington Blvd., Culver City,
www.sonypicturesstudiostours.com,
Mo.–Fr. 9.30/10.30/13.30/14.30 Uhr
zweistündige Touren ab Sony Pictures
Plaza, $ 33.

★**195** [j4] **The Studios at Paramount,**
5555 Melrose Ave., Hollywood,
www.paramountstudios.com/special-
events/tours.html. Zweistündige VIP
Studio Touren Mo.–Fr. 10/11/13/14
Uhr, $ 40, Voranmeldung unter Tel. 323
9561777.

★**196** [cf] **Warner Bros.** VIP Studio Tour,
3400 Riverside Dr., Burbank, www2.
warnerbros.com/vipstudiotour, Mo.–Fr.
8.20–16 Uhr (2 ¼ Std.), Reservierung
erwünscht, Parken Gate 5 (Warner Blvd./
Avon St.), $ 48. Tour und Besuch von
Dreharbeiten, auch 5-stündige Deluxe-
Touren.

Tickets für **TV-Shows** gibt es im Internet unter www.TVtickets.com und www.tvtix.com
oder konkret zum Beispiel bei

❯ The Jay Leno Show (NBC):
www.thejaylenoshow.com/tickets
❯ The Price is Right mit Drew Carey:
www.cbs.com/daytime/price/tickets

Im hinteren Geländeteil, an den langen Warteschlangen vor dem „Trambahnhof" zu erkennen, starten die **Studiotouren.** Es ist empfehlenswert, diese an den Anfang der Besichtigung zu stellen. Die rund 45-minütigen **Rundfahrten** über das Filmgelände finden in offenen Trams auf Rädern statt (kein Aussteigen möglich), wobei auf kleinen Monitoren passende Filmausschnitte gezeigt werden. Es geht vorbei an Filmkulissen, *soundstages* und *movie sets*, man passiert aktive lagerhallenartige Studios und wird mit Spezialeffekten und Stuntmanshows wie einem Erdbeben der Stärke 8,3, einer Springflut in einem mexikanischen Dorf, einem Sturm oder einer einstürzenden Brücke in Staunen versetzt. Auch der „Der weiße Hai" oder, neu inszeniert, „King Kong" geben sich die Ehre.

Auf dem Weg von oder zu den Studios fällt der Blick auf die riesige Anlage der **Hollywood Bowl** (s. S. 29), einer Freiluftarena, in der von Juli bis September Konzerte unterschiedlichster Art stattfinden. Das zugehörige kleine **Museum** (2301 N Highland Ave., Di.–Fr. 10–17 Uhr, frei) befasst sich mit der Geschichte der Filmindustrie, der berühmten Open-Air-Bühne und mit großen Stars und Konzerten.

> 100 Universal City Plaza, tgl. 9–20/21 Uhr (im Winter meist 10–18 Uhr), www.universalstudioshollywood.com, $ 69, Front of Line Pass (ohne Wartezeiten) $ 139, CityWalk kostenlos (www.CitywalkHollywood.com), Parkgebühr $ 14. Anfahrt: Metro Rail – Red Line bis „Universal City"

▶ *Als Schwesterstadt von Berlin hat Los Angeles ein großes Stück Berliner Mauer vorzuweisen*

WESTSIDE

Westside, die Stadtviertel und Nobelorte westlich von Downtown und Hollywood, zeigen die „feine" Seite von L.A. Hier liegen, vielfach abgeschirmt hinter Mauern und Hecken, gut bewacht und gesichert, Orte und Straßen, die weltweit besonderen Ruf haben: Rodeo Drive und Beverly Hills, Bel Air und Sunset Strip. Darüberhinaus ist hier eine ganze Reihe ungewöhnlicher Museen zu finden: das Getty Center, die Getty Villa oder das LACMA.

Die Städte westlich von L.A. – West Hollywood, Beverly Hills, Bel Air oder Westwood – bilden die „Westside", wobei Teile von Hollywood und Century City häufig ebenfalls dazugezählt werden. Einst war **West Hollywood** wie Hollywood nur ein Stadtteil von L.A., seit 1984 geht es eigene Wege und ist verwaltungstechnisch eine selbstständige Stadt zwischen Hollywood und Beverly Hills.

Hauptachse der Westside ist der legendäre **Sunset Boulevard** mit seinem berühmten Teilabschnitt, dem **Sunset Strip.** Weitere wichtige Straßen sind **Santa Monica** und **Wilshire Boulevard.** Hip und trendy präsentiert sich **Melrose West**, ein Abschnitt der weiter im Südosten gelegenen Melrose Avenue. Weltberühmt wurde diese Gegend durch die TV-Serie „Melrose Place".

Wilbur Cook, der 1907 das heutige **Beverly Hills** erwarb, würde staunen: Wo zu Anfang keiner wohnen wollte, befinden sich heute die teuersten Immobilien von L.A. Begonnen hatte der Boom in den 1920er-Jahren, als Douglas Fairbanks am Summit Drive für $ 35.000 eine Liebeslaube für sich und Mary Pickford bauen ließ. Es folgten Stars wie Charlie Caplin, Will

Rogers oder Gloria Swanson und seither will jeder, der Rang und Namen
hat, hier leben und auf dem **Rodeo
Drive** einkaufen. Noch abgeschotte-
ter leben die Reichen in **Bel Air**, einem sich im Westen anschließenden Nobelvorort, der durch Will Smith
als „Fresh Prince of Bel Air" im TV bekannt wurde.

㉓ LACMA (LOS ANGELES COUNTY MUSEUM OF ART) ★ ★ ★ [f7]

*Das Los Angeles County Museum of
Art gehört zu den herausragenden
Kunstmuseen der Westküste. Inzwischen ist es zu einem mehrteiligen
Komplex herangewachsen, dessen
vielseitigen Sammlungen einen infor-
mativen und abwechslungsreichen
Überblick über die Kunst- und Kultur-
geschichte der Welt geben. Darüberhinaus locken Sonderausstellungen
und freie Konzerte Besucher an.*

Mid Wilshire heißt das südlich Hollywoods gelegene Viertel, das vom
Wilshire Blvd. durchschnitten wird.
Lohnend ist dieser Teil der Stadt besonders wegen seiner Dichte an sehenswerten Museen, die den Spitzna-
men **Museums Row** hervorgebracht
hat. Das herausragendste ist das
LACMA, das Los Angeles County Museum of Art.

Über die zentrale Plaza mit dem
Kunstwerk „**Urban Lights**" erreicht
man den aus sieben Gebäuden be-
stehenden Komplex mit einer hoch-
karätigen Sammlung von Malerei,
Skulpturen, Textilien und dekorativer
Kunst von der Prähistorie bis heute.
2008 neu eröffnet wurden zwei Bauten vom Reißbrett des berühmten ita-
lienischen Architekten Renzo Piano:
das **Broad Contemporary Art Museum**/**BCAM** für zeitgenössische Kunst
und der **Exhibition Pavilion** für Wechselausstellungen. Umgeben sind die
Neubauten von einem Palmengarten
sowie dem Rodin-Skulpturengarten
mit 42 Plastiken des weltberühmten
Künstlers.

Das **BCAM** ist nicht nur wegen der
zeitgenössischen Installationen, z. B.
einer von Richard Serra, einen Besuch Wert, man hat von der Freitrep-
pe zugleich einen guten Ausblick auf
die Stadt, mit dem Hollywood Sign im
Hintergrund. Alternativ kann man einen der größten Aufzüge der Welt – in
den sogar ein kleiner Museumsladen
eingebaut werden soll – nutzen.

In den älteren Gebäuden befinden sich Abteilungen mit Kunst verschiedenster Genres aus allen Epochen und aller Welt. Dazu gehört die
bedeutende **Lazarof-Sammlung** mit
Werken von Picasso und Giacometti.

030la Abb.: mb

Auch die Ausstellungsräume selbst wurden teilweise von Künstlern gestaltet: Diesbezüglich besonders sehenswert sind **„Art of the Pacific"** und „Latin American Art" im Art of the Americas Building.

Gegenüber dem LACMA steht am Wilshire Boulevard das größte noch erhaltene Stück der **Berliner Mauer** – schließlich ist Berlin die Schwesterstadt von L.A.

❯ 5905 Wilshire Blvd., www.lacma.org, Mo./Di./Do. 12–20 Uhr, Fr. 12–21 Uhr, Sa./So. 11–20 Uhr, $ 15, ab 17 Uhr freier Eintritt. Empfehlenswerter Museumsladen, verschiedene Lokale, Gratis-WLAN auf der Plaza sowie im Sommer diverse Freiluftveranstaltungen. Anfahrt: eigenes Parkhaus (Zufahrt: W 6th St.), Bus 20 (Westwood) bzw. 720 (Santa Monica) bis „Wilshire/Fairfax".

🔴24 LA BREA TAR PITS – GEORGE C. PAGE MUSEUM ⭐ [f7]

Angrenzend an das LACMA erinnern die La Brea Tar Pits im **Hancock Park** an die Entstehungsgeschichte der Erde. Die Ansammlung natürlichen Asphalts, auch „Erdpech" oder „Bergteer" genannt, in diesen ungewöhnlichen **„Teergruben"** zeugen von unterirdischen Teer-, Erdöl- und Erdgasvorkommen, die sich im Becken des Großraums von L.A. angesammelt haben. Hier am Lake Pit reichen diese Teergruben bis an die Oberfläche und gelegentlich verrät ein Blubbern, dass Methangas entweicht.

Die asphaltreichen Sedimente zählen zugleich zu den ergiebigsten Fundstellen von Fossilien aus dem Pleistozän, der letzten Eiszeit. Inzwischen hat man Fossilien von annähernd 400 Arten gefunden. Einen Einblick in die Zeit von Säbelzahntigern und Mammuts, aber auch in die Arbeit der Wissenschaftler bietet das zugehörige **George C. Page Museum.** Hier erfährt man auch mehr über das neueste **Project 23** (www.tarpits.org/project23): Bei der Neugestaltung des LACMA-Areals 🔴23 auf dem Grund des ehemaligen mexikanischen Landsitzes **Rancho La Brea** hat man in 23 Proben aus 16 Teergruben unzählige Fossilien gefunden. Herausragend

---

KLEINE PAUSE

L.A. Farmers Market

Seit 1934 kommen die Angelenos zum **L.A. Farmers Market,** um frische Produkte aus dem Umland zu kaufen oder Spezialitäten zu genießen. Inzwischen sind Essensstände, Cafés und Bars im Vergleich zu regulären Marktständen fast in der Überzahl. Ein besonderer Tipp ist **Du-Par's.** In der seit 1928 betriebenen Bäckerei/Konditorei gibt es nicht nur leckeres Gebäck zu kaufen, sondern das angeschlossene Restaurant bietet auch zwischen 16 und 18 Uhr (und 4–6 Uhr morgens) ein **„Beat the Clock"-Menü** mit einer Auswahl an Gerichten (inkl. Suppe oder Salat) zu besonders günstigen Preisen. Um 5:15 p.m. (17.15 Uhr) würde das Essen z. B. $ 5,15 kosten.

Im direkten Umfeld des Marktes gibt es einige weitere interessante Läden wie etwa den **World Store** (alles von Möbeln bis zu Wein und Haushaltswaren) oder auch eine Filiale des Biosupermarkts **Whole Foods** sowie das Einkaufszentrum **The Grove** (s. S. 16).

🔴197 [f6] **L.A. Farmers Market,** 3rd St./Fairfax Ave., www.farmersmarketla.com, Mo.–Sa. 9–19, So. 10–18 Uhr, Anfahrt: Parkplatz (Zufahrt Fairfax Ave.), Bus 16 bzw. 316 (Century City) bis „3rd/Fairfax"

war dabei ein fast zu 80 % erhaltenes Mammutskelett.

› 5801 Wilshire Blvd., www.tarpits.org, tgl. 9.30–17 Uhr, $ 7, Anfahrt: Parkhaus des LACMA (Zufahrt W 6th St.), Bus 20 (Westwood) bis „Wilshire/Curson"

25 THE CRAFT AND FOLK ART MUSEUM (CAFAM) ★ ★ [f7]

Das Craft and Folk Art Museum ist zwar nur ein kleines, äußerlich wenig auffälliges Museum auf zwei Etagen, dafür werden hier aber jedes Jahr bis zu sechs ungewöhnliche Wechselausstellungen zu abwechslungsreichen Themen gezeigt. Das **Kunsthandwerk** und sein Bezug zum **Alltagsleben bestimmter Kulturen** werden auf interessante Weise miteinander in Verbindung geracht, um neue Einblicke in unterschiedliche Kulturkreise weltweit zu erhalten. Im zugehörigen Shop wird passend zu den aktuellen Ausstellungen Kunsthandwerk aus aller Welt angeboten, außerdem gibt es ein Veranstaltungsprogramm.

› 5814 Wilshire Blvd., www.cafam.org, Di.–Fr. 11–17, Sa./So. 12–18 Uhr, $ 7, Anfahrt: Parkhaus des LACMA (Zufahrt W 6th St.), Bus 20 (Westwood) bis „Wilshire/Curson"

26 PETERSEN AUTOMOTIVE MUSEUM ★ [f7]

Schräg gegenüber dem LACMA bietet das **Petersen Automotive Museum** ein Kontrastprogramm. Das 1994 von Margie und Robert E. Petersen ins Leben gerufene und mit $ 30 Mio. unterstützte Museum informiert auf drei Ausstellungsebenen einerseits über das **Straßensystem** und dessen Bedeutung für Bevölkerung und Stadt und zeigt andererseits **über 150 rare classic cars, Trucks** und **Motorräder.**

Im 1. Stock geht es um die **Geschichte des Autoverkehrs** in L.A. und auf dem *3rd floor* erhält man im May Family Discovery Center interaktiv Informationen über **Funktionen** und **Technik** eines Autos. Das Museum fungiert auch als (nicht öffentlich zugängliche) „Garage" für manche Privatsammlung.

› 6060 Wilshire Blvd., www.petersen.org, Sa.–Do. 10–18, Fr. 10–21 Uhr, $ 10, Anfahrt: Parkhaus des LACMA (Zufahrt W 6th St.), Bus 20 (Westwood) bzw. 720 (Santa Monica) bis „Wilshire/Fairfax"

27 SUNSET STRIP ★ [c3]

Die einen nennen diesen Abschnitt des kürzlich verschönerten Sunset Boulevard zwischen dem Crescent Heights Blvd. im Osten und dem Doheny Dr. im Westen die „langweiligste Flaniermeile der Welt", andere kennen ihn aus der TV-Serie „77 Sunset Strip" und schätzen ihn als Topshoppingdestination. Auf alle Fälle handelt es sich um einen **Jahrmarkt der Eitelkeiten:** Man geht hierher und besucht Nobelrestaurants, edle Boutiquen und schicke Cafés, um zu sehen und gesehen zu werden. Lange war der Strip die Lebensader der Musik- und Unterhaltungsindustrie mit Klubs wie Roxy (s. S. 28), Whisky-A-Go-Go (8901 Sunset Blvd.) oder Rainbow Bar (9015 Sunset Blvd.), wo Jimi Hendrix, Bob Marley oder Bruce Springsteen auftraten.

Im Zentrum des Strip steht das **Argyle Hotel** (8358 Sunset Blvd.) von 1931, ehemals ein Art-déco-Apartmentkomplex, in dem Marilyn Monroe, Clark Gable, John Wayne oder Errol Flynn wohnten. An seinem östlichen Ende befindet sich das nicht minder illustre **Chateau Marmont** (8221 Sunset Blvd.). Das Herz der

Straße schlägt an der **Sunset Plaza** (8600 Sunset Blvd.) mit kleinen Läden und beliebten Bistros.

❯ Anfahrt: gebührenpflichtige Parkplätze am und um den Sunset Blvd., Bus 2/302 (Sunset Plaza)

㉘ GOLDEN TRIANGLE – RODEO DRIVE (BEVERLY HILLS) ★ [a7]

Die Anfänge des legendären **Rodeo Drive** im Nobelvorort Beverly Hills waren alles andere als spektakulär: Der spanische Name „Rancho Rodeo de Las Aguas" bezieht sich darauf, dass man hier bei Ölbohrungen nicht auf „schwarzes Gold", dafür aber auf das in L.A. nicht minder wichtige **Wasser** gestoßen war. Dieses machte es damals möglich, Schafzucht zu betreiben und Felder anzulegen.

Wo sich einst Felder und Weiden befanden, geht heute die Schickeria einkaufen und speisen – z. B. im altehrwürdigen **Beverly Hills Hotel** am Ende des Rodeo Drive. Dort treffen sich noch heute Filmproduzenten, Regisseure und Schauspieler. 1914 als Shopping- und Promeniermeile von Beverly Hills angelegt, wurde „The Drive" erst durch Julia Roberts und den Film „Pretty Woman" weltbekannt. 1968 eröffnete mit Gucci die erste Nobelboutique, dazu gesellten sich schnell andere Edelschuppen wie Versace, Christian Dior, Dolce & Gabbana, Hermès oder Prada.

An der Ecke Rodeo Dr./Wilshire Blvd., **Two Rodeo**, eine Fußgängerzone im Stil eines europäischen Dorfes, schlägt das Herz des Viertels. Heute wird das ganze Areal zwischen Rodeo und Beverly Drive sowie Wilshire Blvd. „**Golden Triangle**" genannt. Auf dem parallel verlaufenden **Beverly Drive** finden auch „Normalverdiener" vielleicht das Passende.

❯ Anfahrt: gebührenpflichtige Parkplätze an und um Rodeo Dr., Bus 20 (Wilshire/ Rodeo) oder 720 (Wilshire/Beverly)

▪ STAR GAZING

Die Zeiten, als man mit Stars ohne Weiteres am Rodeo Drive auf Tuchfühlung gehen konnte, sind vorbei. Zumeist tauchen sie in dunkelverglasten Limousinen und begleitet von Bodyguards vor einer bestimmten Boutique auf und kaufen hinter verschlossenen Türen ein. Dennoch ist es in gewisser Hinsicht einfacher geworden, Stars zu erspähen. Man braucht nicht mehr zwangsläufig an Touren teilzunehmen, um einen Blick auf die Villen der Stars zu erhaschen, denn urplötzlich tauchen sie in Bars oder Klubs, Läden oder Restaurants auf. Klubs und Hotelbars wie im **Hollywood Roosevelt** *(s. S. 122), die* **Rooftop Bar at The Standard** *(s. S. 27) oder die* **Chateau Marmont Skybar** *(8171 W Sunset Blvd.) sowie die Klubs* **Villa Lounge** *(8623 Melrose Ave.) oder* **Foxtail** *(9077 Santa Monica Blvd.) sind gute Plätze zum „Star Gazing". Bei Heimspielen der* **Lakers** *ist Jack Nicholson als Dauerkartenbesitzer sicher präsent und das Einkaufszentrum* **The Grove** *(s. S. 16) oder der* **Robertson Blvd.** *werden ebenfalls gern von Stars frequentiert. Heiße Tipps gibt es auf folgenden „gossip pages":*

❯ *http://perezhilton.com*
❯ *www.tmz.com*

㉙ MUSEUM OF TOLERANCE (MOT) ★ [bg]

1993 eröffnet, sorgte das Museum of Tolerance, Simon Wiesenthal Center, von Anfang an für weltweites Aufsehen. Der architektonisch interessante, aus verschiedenen Kuben kombinierte Hightechbau auf der Simon Wiesenthal Plaza, auch als „Holocaust-Museum"' bekannt und u. a. von Regisseur Steven Spielberg („Schindlers Liste") gesponsort, dient der **Dokumentation und Erforschung von Rassenhass und Vorurteilen**, insbesondere während der Nazizeit. Mittels Videoinstallationen werden daneben auch aktuelle Rassenkonflikte aufgearbeitet.

❯ 9786 W Pico Blvd., Mo.–Fr. 10–17, So. 11–17 Uhr, www.museumoftolerance. com, $ 15. Mit interessantem Museumsladen. Anfahrt: Parkhaus (kostenlos, Zufahrt über Pico Blvd.), Bus 14 bis „Pico/Beverwil" (zwei Blocks östlich).

㉚ WESTWOOD UND UCLA ★ [bg]

Westlich von Beverely Hills und Century City liegt **Westwood**, eine beliebte Schlafstadt. Nicht so vornehm wie Beverly Hills, dafür aber „gemütlicher", gibt es hier etliche große Wohnkomplexe – eigentlich ungewöhnlich für L.A. Grund dafür ist auch die Nähe der **University of California at Los Angeles** (**UCLA**) mit parkähnlichem, weitläufigem Campus. An der Ecke Wilshire/Westwood Blvd. bietet das zur Uni gehörende **Hammer Museum** (s. S. 33) eine hochkarätige Sammlung moderner Kunst und spannende Wechselausstellungen. Auf dem Campus liegt das kulturhistorisch interessante **Fowler Museum** (s. S. 32) und der sehenswerte **Franklin D. Murphy Sculpture Garden**. Vor

dem südlichen Zugang zum Campus erstreckt sich am Westwood Blvd. das **Westwood Village** mit kleinen Läden, (Studenten-)Cafés und Lokalen.

❯ UCLA Visitor Information am Campuszugang, Westwood Plaza (Zufahrt im Süden über Wilshire und Westwood Blvd.), Anfahrt: Bus Nr. 20 bis „Wilshire/Westwood", dann Umsteigen in Bus 761

㉛ THE GETTY CENTER ★ ★ ★ [ag]

Hoch über L.A. thront auf einem Hügel in den Santa Monica Mountains auf fast 300 m Höhe das Getty Center. Stararchitekt Richard Meier hat hier eine strahlendweiße Kunstkathedrale geschaffen, die ihresgleichen sucht. Allein der sich bietende Ausblick ist spektakulär, dazu kommen eine vielseitige Kunstsammlung und aufsehenerregende Wechselausstellungen.

Das Getty Center ist mit Sicherheit eines der wohlhabendsten und wichtigsten Kulturinstitute in der Neuen Welt. Hier ist es jedoch v. a. die **Architektur** vom Reißbrett Richard Meiers, die die Aufmerksamkeit auf sich zieht. Der weltbekannte Architekt plante einen Komplex, dessen einzelne Bauteile durch Übergänge, Treppen und Terrassen sowie durch prächtige Gartenanlagen miteinander verbunden sind. Raumbezüge, Durchblicke, luftig-helle Räumlichkeiten sowie Material- und Formkontraste haben ein ungewöhnliches Gesamtkunstwerk entstehen lassen, für das das beste Material gerade gut genug war: Allein zur Verkleidung der Fundamente wurden 15.000 t römischer Travertin per Schiff aus Italien herangeschafft. Für die Gestaltung der **Grünanlagen** war der kalifornische Installationskünstler Robert Irwin zuständig. Er entwickelte einzelne Parkräume und ließ

O31la Abb.: mb

Kakteengarten und Wasserläufe, Teiche und Rasenflächen anlegen.

Ist der Smog nicht zu dick, erblickt man in der Ferne schneebedeckte Berge, davor die Skyline von Downtown L.A. und auf der anderen Seite den tiefblauen Pazifik. Der Tram, die Besucher vom Parkplatz nach oben bringt, entstiegen, steht man auf der **Central Plaza** und eine breite Treppe führt zum Hauptzugang. Am anderen Ende des Platzes steht das Auditorium, ein Saal mit 450 Plätzen, der für Filmvorführungen, Lesungen und Konzerte genutzt wird, rechter Hand befinden sich ein Restaurant und ein Café. Durch den **Entrance Pavilion** mit Infostand und Einführungsfilm gelangt man ins Herz des Komplexes: fünf zweistöckige Pavillons gruppieren sich um einen offenen Hof mit Wasserlauf und Brunnen. Sie werden für Dauer- und Wechselausstellungen genutzt.

Die Kunstsammlung bietet einen umfassenden **Überblick vom Mittelalter bis zur Moderne** und präsentiert verschiedene Genres aus aller Welt. Gezeigt werden u.a. wertvolle Handschriften aus Mittelalter und früher Neuzeit sowie amerikanische und europäische Fotografien des 19. Jh. Die Kunstbibliothek mit 840.000 Bänden gilt als eine der größten der Welt und kann von Besuchern kostenlos genutzt werden. Der Schwerpunkt des

▲ *Außen wie innen überaus sehenswert und noch dazu mit spektakulärem Ausblick: das Getty Center* 🌕

Museums liegt auf **europäischer Malerei** und **Kunstgewerbe von etwa 1600 bis 1800**, aber auch **Manuskripte**, **Skulpturen** und **Zeichnungen** gehören dazu. Highlights sind Werke von Mantegna, Rembrand, van Gogh, Monet, Renoir, Cézanne, Michelangelo oder Raphael. Es gibt Miniaturen aus dem Mittelalter, Skulpturen von Bernini, Houdon oder Canova. In 14 Galerien sind französische Möbel und Kunstgewerbe zu sehen, darunter vier komplett nachgebaute Räume aus dem 18. Jh.

Vorbei am auffälligen Rundbau des Research Institute geht es zum **Central Garden**, an dem auch das Garden Terrace Cafe liegt. Verschiedene Gartenteile gruppieren sich terrassenartig um ein rundes Becken, zu dem ein Zickzackpfad entlang einem Wasserlauf führt – ein „living piece of art", mit kühnen Schwüngen und Kurven in interessantem Kontrast zum rechtwinkligen Baukomplex stehend. Hier kann man nach dem Kunstgenuss eine Pause einlegen, sogar auf den makellos gepflegten Rasenflächen!

Zum weitläufigen Komplex gehört auch der **Getty Trust**, der sich in die Abteilungen Museum, Research, Foundation und Conservation Institute gliedert. Mit einem Jahresetat von etwa $ 8 Mrd. werden nicht nur die beiden Museen, Getty Center und Getty Villa, finanziert, sondern auch Stipendien an Fachleute vergeben. Weltweit wird der Kunstunterricht mit Büchern, Material und theoretischer Hilfe gefördert und es werden immense Summen für Erhalt und Rettung bedrohter Kunst- und Bauwerke auf allen Erdteilen ausgegeben. Das Getty Center zieht jährlich 1,4 bis 1,6 Mio. Besucher an, und das macht es neben Universal Studios zur Hauptattraktion der Stadt.

◼ STRASSE MIT AUSBLICK

*Der **Mulholland Drive**, benannt nach dem Ingenieur William Mulholland (1855–1935), der das Wasserversorgungssystem von L.A. entwickelte, wurde 1924 als sich großteils über den Kamm der Santa Monica Mountains dahinschlängelnde Straße eröffnet. Sie diente zunächst vorrangig der Erschließung der Bergregion als Wohnareal südlich des Hwy. 101 zwischen Cahuenga und Sepulveda Pass. Am Drive liegen heute einige der teuersten Villen der Stadt.*

Der Mulholland Drive wurde durch Filme, Popsongs und sogar Videospiele weltberühmt. Die Fahrt beginnt am Cahuenga Pass (Hwy. 101, Cahuenga Blvd.) im Osten und führt über den Sepulveda Pass (I-405) nach Westen, wo die Straße im Ort Woodland Hills wieder auf den Hwy. 101 stößt. Es geht an mehreren Aussichtspunkten wie dem Universal City Overlook im San Fernando Valley oder dem Hollywood Bowl Overlook vorbei.

❯ 1200 Getty Center Dr., www.getty.edu, tgl. außer Mo. 10–17 Uhr, Eintritt frei, Parkgebühr $ 15. Café und empfehlenswertes **Restaurant at the Getty** mit kreativen, exquisit zubereiteten Gerichten, dazu toller Ausblick sowie attraktiver Museumsladen. Anfahrt: San Diego Freeway (I-405) bis „Getty Center Drive Exit", der direkt zum Parkhaus führt. Oberhalb, in einem Park mit Skulpturen, liegt die Haltestelle der Magnetbahn, die Besucher zum Museum auf dem Hügel bringt. Zu Fuß sind es rund 15 Min. Mit öffentlichen Verkehrsmitteln ist die Anfahrt sehr umständlich und zeitaufwendig.

BEACH CITIES

Badenixen und Beach Boys, Surfen und Bodybuilding – wo anders als an den Stränden von L.A. hätte dieser Mythos entstehen können? Den ganzen Tag, die ganze Nacht, ja das ganze Jahr über scheint hier Ferienstimmung zu herrschen. Mit unbeschwertem Hedonismus präsentieren die Schönen unter den Angelenos ihre sonnengebräunten Körper und genießen Sonne, Meer und Dolce Vita.

Strandkultur pur entlang einem rund 130 km langen Sandstreifen – an der Los Angeles vorgelagerten Küste reiht sich zwischen Redondo Beach und Malibu ein Strand an den anderen. Man gibt sich mondän und praktiziert selbstbewusst den südkalifornischen **way of live** mit Fitness, Körperkult und Wassersport aller Art. Am Strand gehen Musiker und Künstler, Händler und Aussteiger, Jogger, Surfer und Skater, flotte Girls und muskelbepackte Sonnyboys eine friedliche Koexistenz ein.

Hauptverkehrsachse an der Küste ist der legendäre **Highway 1** (Pacific Coast Highway), von dem aus man immer wieder ans Wasser gelangt. Auf den ersten Blick wirken die Beaches gleichförmig und langweilig, doch in Wahrheit hat jeder Abschnitt seine Besonderheiten.

🔵32 THE GETTY VILLA ★ ★ ★ [ag]

Hoch über dem Pazifik gelegen, versteckt sich zwischen den mondänen Küstenortschaften Malibu und Pacific Palisades eine der ungewöhnlichsten Bauten der Stadt: die Getty Villa. Man traut seinen Augen kaum: Hier an der US-Westküste steht eine antike römische Villa, und sie passt sogar in die Landschaft.

Das nahe Meer und die üppige Flora erinnern durchaus an den Golf von Neapel, wo zu Füßen des Vesuvs, in Herculaneum, einst die **Villa dei Papiri** stand. Sie war im Jahr 70 n.Chr. beim Ausbruch des Vesuvs verschüttet und 1750 ausgegraben worden. Der schwerreiche Öl-Tycoon J. Paul Getty (1892–1976) besuchte auf einer Reise die Ruinen der Villa und ließ sich in den 1970er-Jahren zu einem **Nachbau** inspirieren. Die einst dem Schwiegervater Julius Caesars gehörende Sommerresidenz passte perfekt in die subtropische Landschaft am Pazifik.

Die Getty Villa ist wie das Getty Center 🔴31 Teil des Getty Trust. Solange das Getty Center noch nicht existierte, fungierte die Villa als Kunst- und Antikenmuseum in einem, seit ihrer Wiedereröffnung im Jahr 2006 wird ausschließlich die hochkarätige **Antikensammlung** präsentiert. Der ursprüngliche Bau wurde von SPF:architects und Machado & Silvetti **renoviert** und um mehrere Bauten wie das Conservation Institute, den Zugangsbereich, die Open-Air-Bühne, einen Buchladen und ein Café **ergänzt**. Auch die herrlichen, nach antiken Vorbildern gestalteten **Gartenanlagen** und Innenhöfen wurde „aufpoliert".

Heute konzentriert sich die Villa passenderweise ganz auf **antike Kunst und Kultur** und Besucher können auf Zeitreise in die römische Antike gehen. Mögen auch Kritiker

▶ *Die Getty Villa* 🔵32 *bei Malibu lädt zum Eintauchen in die römische Antike ein*

angesichts des nie vollständig ausgegrabenen oder dokumentierten Originalbaus die Authentizität von Gettys Auftragsarbeit anzweifeln, ist es ihm doch gelungen, ein Stück antike Architektur über den Teich zu holen. Auch die Lage und die **Ausstattung** mit Wandmalereien und

---

Heimat in der Fremde

Die Getty Villa gehört offiziell nicht zu Malibu, sondern zu **Pacific Palisades**, einem malerischen Nobelwohnort, dessen kleines Stadtzentrum sich am westlichen Ende des Sunset Boulevard ausbreitet. „The Village" wurde während des Zweiten Weltkrieges als Heimat berühmter deutscher Emigranten wie **Thomas Mann** und **Lion Feuchtwanger** weltberühmt. Die einstige Residenz von Lion und Marta Feuchtwanger, die **Villa Aurora**, gelangte in den Besitz der Bundesrepublik Deutschland, die sie seit 1995 als Künstlerresidenz und Veranstaltungszentrum betreibt.

Das benachbarte **Malibu** gibt sich ähnlich abgeschottet. Bekannt ist der Ort seit den 1920er-Jahren als Seebad der Rei-

chen und bis heute strahlt er eine gediegene Atmosphäre aus. Der 1905 errichtete, kürzlich renovierte **Malibu Pier** ist ein idealer Platz, um einen ereignisreichen Tag mit einem Sonnenuntergang über dem Pazifik zu beenden. Berühmt ist der Pier auch wegen seiner Lage neben dem **Surfrider Beach**, Treff der besten Surfer aus aller Welt. Das malerische Hinterland steht als **Topanga State Park** unter Naturschutz.

★**198** **Villa Aurora**, 520 Paseo Miramar, Pacific Palisades, www.villa-aurora.org

★**199** **Malibu Pier**, 23000 Pacific Coast Highway (Hwy. 1), Malibu, mit Beachcomber Café und Malibu Pier Club, Anfahrt: Bus Nr. 534 (aus Santa Monica), www.malibupier.com

EXTRATIPP

Skulpturenschmuck, Höfen und Gartenanlagen, Brunnen und Mosaiken passen perfekt. Durch ein Atrium (Innenhof) gelangt man in die jetzt luftig und hell wirkenden Räume, die sich auch um das innere und das größere äußere Peristyl, einen von Säulen umgebenen lang gestreckten Innenhof, gruppieren. Zur Dauerausstellung kommen immer wieder interessante Wechselausstellungen zu Themen der Antike und vergangenen Kulturen, dazu gibt es ein Open-Air-Theater.

› 17985 Pacific Coast Hwy., Pacific Palisades, Mi.–Mo. 10–17 Uhr, Eintritt frei, vorherige Anm. unter www.getty.edu/visit nötig, um ein zeitgebundenes Ticket zu reservieren. Mit Café at the Getty Villa (Mi.–Mo. 11–16.30 Uhr), wo mediterran angehauchte kleine Gerichte wie Suppen, Salate, Pizza und Panini serviert werden. Anfahrt: Zufahrt zur Parkgarage (kostenlos) am Pacific Coast Hwy. (Hwy. 1) ausgeschildert. Die Anfahrt mit öffentlichen Verkehrsmitteln ist möglich, jedoch zeitaufwendig: Bus Nr. 720 von Downtown (7th/Metro Ct.) bis Santa Monica (Ocean Ave./Santa Monica Blvd.), dann Nr. 534 bis „Getty Villa/Coastline Drive". Von Hollywood (Sunset Blvd.) fährt Bus Nr. 2 zum Pacific Coast Highway in Pacific Palisades, von hier nimmt man für das letzte kurze Stück ebenfalls Bus 534.

33 SANTA MONICA ★ ★ ★ [ah]

Am westlichen Endpunkt der legendären Route 66 gelegen, ist Santa Monica das Zentrum des Fremdenverkehrs an der Küste von Greater L.A. Die strahlend weißen und feinsandigen Strände, der Pier und die nette Innenstadt sind seit Langem beliebtes Ziel gestresster Großstädter und Urlauber.

Die „Karriere" des über 5 km langen Sandstrands von **Santa Monica** begann vor über 100 Jahren als beliebtes Wochenendziel der Angelenos. Als Ende der 1880er-Jahre die Santa Fe Railroad das Hafenstädtchen erreichte und Erholungssuchende in Scharen herbrachte, entstand eine touristische Infrastruktur. Die Bedeutung wuchs noch, als Santa Monica Endpunkt der Route 66 wurde, jener Überlandroute, die ab 1926 Chicago und Los Angeles miteinander verband.

Aus jüngerer Zeit stammt die **Third Street Promenade**, eine Fußgängerzone mit Läden, Cafés und Lokalen, Kinos, Bars und Klubs. Von hier sind es nur wenige Schritte zum **Santa Monica Pier**. Von den einst zahlreichen Piers entlang den Strand ist nur dieser eine erhalten, bestehend aus dem 1909 erbauten Municipal Pier und dem Pleasure Pier von 1911. Er fungiert als Mittelpunkt des Strandtrubels und als „Promeniermeile". Neben Restaurants und Pubs – darunter Santa Monica Pier Seafood –, Läden und Ständen, Achterbahn und Riesenrad, strahlt das „Hippodrom", ein Karussell mit 56 Holzpferden, den Charme der 1920er-Jahre aus.

› Ocean Ave., Parken $ 8, Eintritt zum Pier frei, die *action rides* (Fahrgeschäfte) kosten separat

Gastronomie und Shopping in Santa Monica

🍴 **200** [Seite 83] **17th Street Cafe** $$, 1610 Montana Ave. Café und Bäckerei sowie Restaurant mit kalifornischen Spezialitäten, ganztags offen.

☕ **201** [Seite 83] **18th Street Coffee House**, 1725 Broadway/18th St. Beliebtes Café, das v. a. samstags von *Locals* und Intellektuellen frequentiert wird.

SANTA MONICA

WILSHIRE MONTANA

Montana Ave

Ocean Ave

Lincoln Blvd

4 th St

14 th St

20 th St

10 11 200

Christine Emerson Reed Pk

277

202

Wilshire Blvd

36

MID-CITY

2

Wilshire Blvd

Cloverfield

Pacific Coast Highway

Santa Monica State Beach

182

142

2

SANTA MONICA DOWN-TOWN

Santa Monica Blvd

141 63

114

201

5

Memorial Park

14 th St

Santa Monica Pier

33

Santa Monica Pier

279

113

254

Santa Olympic Monica

10 Freeway

20 th St

Lincoln Blvd

Woodlawn Cemetary

Pico Blvd

Pico

Virginia Ave Park

Blvd

203

Nelson Way

1

Dorothy Green Park

Ocean Park Blvd

OCEAN PARK

42

SUNPARK

Ocean View Park

Pacific Ave

74

23 rd

Santa Monica Airport

Rose Ave

280

Penmar Golf Course

Rose Ave

Venice Beach Park

Abbot Kinney Blvd

Lincoln Blvd

205

101

207

204

206

Pacific Ave

Walgrove Ave

1

VENICE

N Venice Blvd
S Venice Blvd

34

Venice Blvd

Abbot Kinney Blvd

Venice Fishing Pier

278

Washington Blvd

© REISE KNOW-HOW 2011

1 cm = 400 m

500 m   1 km   1,5 km

🔴**202** [Seite 83] **Hennessey & Ingalls,** 214 Wilshire Blvd. Kleiner Buchladen nahe der 3rd St. Promenade, spezialisiert auf Kunst und Architektur.

🍴**203** [Seite 83] **La Grande Orange** $$, 2000 Main St., Tel. 310 3969145. Kreative lokale Küche mit frischen, organischen und saisonalen Zutaten, viele Salate, Burger und Tacos.

Mobil nach und in Santa Monica

Santa Monica ist, zumindest was Zentrum und Strand angeht, eine Stadt für **Fußgänger** und **Radler** (zahlreiche Fahrradverleiher!). Zwischen den Hotels, den beiden Einkaufsarealen 3rd Street Promenade und Main Street sowie Pier und Strand verkehrt „**Tide Ride**", eine Buslinie (Sa./So. 12–22 Uhr mind. alle 15 Min.). Die **Buslinien** Nr. 704 und 720 sowie 333 verbinden Downtown L.A. mit Santa Monica, darüberhinaus gibt es die **Expressbuslinien** R3 und R7. Die derzeit im Bau befindliche Expo Line der Metro Rail soll 2015 Santa Monica erreichen.

🔴**34** VENICE BEACH ⭐⭐ [ah]

Venice Beach gehört mit mehr als 5 Mio. Besuchern jährlich zu den beliebtesten Zielen im Großraum L.A. Der Name war Programm: Zu Beginn des 20. Jh. war ein gewisser **Abbot Kinney** von der Lagunenstadt so begeistert gewesen, dass er sie in Kalifornien nachbauen wollte und dafür 26 km an Kanälen und Brücken anlegen, Gondeln importieren und zur Eröffnung die damals berühmte Künstlerin Sarah Bernhardt auftreten ließ.

Ein neues Venedig am Pazifik war entstanden, allerdings blieb der erhoffte Immobilienboom aus und der Aufschwung der Ölindustrie hatte **Wasserverschmutzung** und die Entstehung hässlicher **Industrieanlagen** zur Folge. Kaliforniens Venedig geriet in Vergessenheit und die Kanäle wurden ab 1929 wieder nach und nach zubetoniert. Ein Revival erlebte Venice in den 1950er-Jahren als **Künstler- und Dichterkolonie** sowie als Zentrum der **Beatniks,** in den späten 1960er-Jahren dann als Rückzugsgebiet der **Hippies** und in den 1970er-Jahren kreierten hier die Eagles und Jackson Browne den „**West Coast Sound**". Ein Teil der alten **Kanäle** wurde wieder freigelegt und sie bieten auf einem Spaziergang von der Kreuzung Washington Ave. und Venice Blvd. fotogene Motive.

„Not exactly Italy, but very California" – so präsentiert sich Venice heute und lebt in erster Linie vom Glanz vergangener Tage. Zwar pulsiert am Strand rund um die Uhr das Leben, es tummeln sich Händler, Sonnenanbeter, Surfer, Skater und Biker, Aussteiger und Künstler, doch das gesamte Drumherum ist deutlich in die Jahre gekommen. In den Hinterhöfen und Seitenstraßen bröckelt der Putz und selbst entlang der Promenade wirken viele Verkaufsbuden mittlerweile ziemlich baufällig.

Venice Beach mit seinem Pier und dem feinsandigen Sandstrand wird zur Stadtseite hin vom 3 km langen **Venice Boardwalk** begrenzt, einer beliebten Fußgängerpromenade. Hier gilt das Motto „sehen und gesehen werden" und „Happy Dorry" ist seit Jahrzehnten hier unterwegs. Im unveränderlich-verrückten Outfit, mit Rastalocken und Gitarre fährt er auf Rollschuhen den Boardwalk entlang und lebt von den Trinkgeldern als „Fotomodell". Beliebter Treff ist der **Muscle Beach**, wo auch der derzeitige Gouverneur, Arnold Schwarzenegger, seine Karriere als Bodybuilder begann. Der **Venice Beach Skate Park**

WEST COAST SOUND

*Dieser Musikstil, auch „Southern California Rock" genannt, ist untrennbar mit einem Namen verbunden: den **Eagles.** Sie waren es, die erstmals West Coast Rock auf höchstem Niveau boten, eine Fusion aus Rock-, Pop- und Country-Elementen basierend auf handwerklichem Können statt auf Technik. **Crosby, Stills, Nash, and Young,** die **Doobie Brothers** oder **Jackson Browne** trugen ebenfalls dazu bei, dass der West Coast Sound weltbekannt wurde, wohingegen die bekannten **Beach Boys** eher dem sanfteren „Surf Sound" verbunden waren als hartem Rock.*

Dass der West Coast Sound fortlebt, belegten die Eagles. Zwischen 1972 und 1979 brachten sie legendäre Alben wie „Eagles" (1972), „Desperado" (1973), „Hotel California" (1976) oder „The Long Run" (1979) auf den Markt, um sich anschließend zu trennen. 1994 kam es zur Reunion und 2007 gelang ihnen mit „Long Road out of Eden" ein sensationelles Comeback.

*Ähnlich omnipräsent ist **Jackson Browne,** der seit 1972 konstant Alben veröffentlicht und als bekannter Songwriter für viele Stars tätig ist. Aber auch als Umweltschützer hat sich der 1948 in Heidelberg geborene Browne einen Namen gemacht.*

*Die moderne Version des West Coast Sound verkörpern die **Eels** um Mark Oliver Everett. Sie veröffentlichten das erste Album zwar schon 1996, aber erst in den letzten Jahren wurden sie in der Indie-Szene berühmt und treten auch hierzulande immer wieder auf.*

*Weniger bekannt, doch vor Ort sehr gefragt, sind mexikanische Musikrichtungen wie **Corrido** (Balladen), **Ranchera** (Volksmusik mit einem Musiker), **Mariachi** (mit Band) oder **Bolero.** Die wohl legendärste mexikanisch-beeinflusste Band aus L.A. ist **Los Lobos,** die seit Jahrzehnten mexikanische Volkmusikrichtungen mit Bluegrass, Folk, Blues und Hip-Hop verschmelzen lässt.*

---

am Nordende der Strandpromenade ersetzt seit Kurzem auf rund 1500 m² Fläche den legendären „Venice Pit", wo z. B. Skate-Legende Jesse Martinez seine Karriere begann.

Gastronomie und Shopping in Venice Beach

204 [Seite 83] **Hal's Bar & Grill** $-$$, 1349 Abbot Kinney Blvd., Venice. Spezialität sind die Burger, aber auch Lachs oder Ente lohnen. Günstige Mittagsmenüs.

205 [Seite 83] **Otherroom,** 1201 Abbot Kinney Blvd. Weinbar, ideal zum Erholen und Unterhalten.

206 [Seite 83] **Small World Books,** 1407 Ocean Front Walk/Horizon Ave., www.smallworldbooks.com. Unabhängiger Buchladen am Venice Boardwalk mit breitem Spektrum.

207 [Seite 83] **The Talking Stick,** 1411 Lincoln Blvd., www.thetalkingstick.net, unterschiedlicher Eintritt. Beliebtes Café und Bar mit Abendveranstaltungen (Theater, Comedy und Kunst).

Anfahrt nach Venice Beach

Die **Buslinien** Nr. 33 und 333 verbinden Downtown L.A. mit Venice bzw. Venice Beach. **Autofahrer** sollten an den Stichstraßen, die von der

Pacific Avenue zur Oceanfront führen, parken (Parkuhren, ca. $ 1/Std.). Die großen Parkplätze am Strand sind teurer (ca. $ 10 pauschal).

 35 LONG BEACH ★ ★ [el]

Das unter der Bezeichnung **Port of Los Angeles** bekannte Areal im Süden der Stadt ist der mit Abstand größte Hafen, nicht nur an der amerikanischen Westküste, sondern auf dem gesamten Kontinent. Er ist für die wirtschaftliche Rolle der Stadt als Im- und Exportzentrum von entscheidender Bedeutung. Rund 45 km Kailänge und über 4000 Containerschiffe im Jahr machten **Long Beach** mit seiner halben Million Einwohner daher in erster Linie als Hafenstadt bekannt. Dabei gibt es hier mehr zu sehen als nur Hafen- und Industrieanlagen: z. B. die Queen Mary, ein Aquarium und ein sehenswertes Kunstmuseum.

Erste Anlaufstation sollte die *ocean front* (Queens Way/Shoreline Dr.) mit dem **Shoreline Village**, dem Nachbau eines kleinen Hafenorts mit Läden, Lokalen und Schiffsanlegestellen (Bootsausflüge) sein. Die Hauptachse von Downtown Long Beach ist die **Pine Avenue**, die von der *ocean front* ins Zentrum führt, das von ein paar Hochhäusern markiert wird. Östlich davon breitet sich **East Village**, ein Künstlerviertel mit Galerien und Cafés, aus. Im benachbarten **4th Street District**, einem Hispano-Viertel, steht das Museum of Latin American Art.

🏛 **208** [el] **Shoreline Village,** Shoreline Village Dr. (östlich des Aquarium of the Pacific). Shops und Lokale, Fahrradverleih und Bootsausflüge (www.pacificsailing.net).

Weithin sichtbar liegt am jenseitigen Kanalufer das einstige Luxuspassagierschiff **Queen Mary** vor Anker. Als die Queen Mary im Jahre 1936 vom Stapel lief, galt sie als größter und schnellster Passagierdampfer der Welt. Mit der Flaute des transatlantischen Schiffsverkehrs wegen der Zunahme der Flugverbindungen schlug auch für die Queen Mary die letzte Stunde und sie ging 1967 in Long Beach in den „Ruhestand", wurde in ihren eleganten Ursprungszustand zurückversetzt und als Hotel mit Restaurant eröffnet.

🏛 **209** [el] **Queen Mary,** 1126 Queens Hwy., tgl. 10–18 Uhr, Audiotour auf eigene Faust $ 24,95, Details zu weiteren Touren: www.queenmary.com/Tours-and-Attractions.aspx

An der *ocean front* wird im unübersehbaren **Aquarium of the Pacific** in mehreren Abteilungen anschaulich Flora und Fauna in Südkalifornien und der Baja California, im Nordpazifik und im Tropischen Pazifik vor Augen geführt. Ein empfehlenswertes, preisgünstiges Selbstbedienungsrestaurant (Cafe Scuba) und ein großer Laden könnten den Besuch angenehm abschließen.

🏛 **210** [el] **Aquarium of the Pacific,** 100 Aquarium Way, www.aquariumofpacific. org, tgl. 9–18 Uhr, $ 24,95

In einem architektonisch attraktiven Bau gibt das **Museum of Latin American Art (MoLAA)** einen perfekten Überblick über die gesamte, moderne lateinamerikanische Kunst und ist diesbezüglich einzigartig. Zum Komplex gehören Unterrichtsräume,

---

Transporthinweis

Die Metro Rail – Blue Line hält an der ocean front („1st Street/Long Beach Transit Mall").

033ia Abb.·mb

eine Forschungsbibliothek, ein Film-studio und ein Skulpturengarten mit modernen Kunstwerken und Kak-teen. Angrenzend werden im Viva Café mit Freiplätzen passende Spe-zialitäten serviert und der Museums-laden bietet ein gutes Angebot an Kunsthandwerk und Schmuck aus Lateinamerika.

🏛 **211** [ek] **Museum of Latin American Art (MoLAA),** 628 Alamitos Ave./E 6th, www.molaa.org, Mi./Fr.–So. 11–17, Do. 11–21 Uhr, $ 9, So. Eintritt frei

▲ *Ein wenig bekanntes Museums-highlight in Long Beach ist das MoLAA*

THE VALLEYS

Die sogenannten Valleys, die Täler in den Santa Monica und San Gabriel Mountains nördlich der Stadt, wa-ren einst bevölkert von wilden Tie-ren, Rindern und „Vaqueros", mexi-kanischen Cowboys. Heute gelten die Städte und Täler in den umliegenden Bergen als beliebte – und teure – Wohnadressen.

36 GRIFFITH PARK UND OBSERVATORY ★★ [df]

Keine amerikanische Großstadt ist ohne Park: Der mit Picknick-, Ten-nis-, Golf- und sonstigen Sportplät-zen gespickte und von Reit-, Rad- und Wanderpfaden durchzogene Grif-fith Park zählt zu den größten städ-tischen Grünanlagen in den USA. Der rund 16 km² große Park war 1896 der Stadt von dem Zeitungsbesit-zer Griffith J. Griffith zum Geschenk gemacht worden und ist heute Freizeitoase und Spielwiese der Angelenos. Hier befindet sich auch der **L.A. Zoo** (s. S. 113).

Erste Anlaufstation sollte das **Griffith Observatory** aus dem Jahre 1930 sein. Es liegt nahe dem **Greek Theatre** (s. S. 29) und lohnt nicht nur wegen Hall of Science, Planetarium und Laserium, sondern v. a. wegen des atemberaubenden – und kostenlosen – Ausblicks von der Terrasse. Bei klarer Sicht, besonders bei Sonnenuntergang oder in einer sternenklaren Nacht, kann man von hier die Ausdehnung der Stadt voll erfassen.

Über mehrere Serpentinen gelangt man zu dem großen Parkplatz vor dem weißen Kuppelbau, der an der Front durch das Astronomers Monument markiert ist. Das Observatorium beherbergt das große **Samuel Oschin Planetarium** mit einem Vorführraum für 600 Zuschauer und täglich zwei Filmvorführungen ($ 3 – 7), außerdem das neue **Leonard Nimoy Event Horizon Theater** (200 Sitze, Filme und Demonstrationen). Besonders beliebt ist seit 1935 das riesige **Zeiss-Doppelteleskop** in der Ostkuppel des Baukomplexes. In klaren Nächten steht das Teleskop gratis zur Sternbeobachtung zur Verfügung.

In mehreren Sälen des Baus sind verschiedene Ausstellungen zu sehen, z. B. geht es in der **Ahmanson Hall of the Sky** um Sonne und Mond, in der Abteilung „Cosmic Connection" um eine „Timeline" durch das Universum und in „Gunther Depths of Space" um Planeten, andere Welten und die Milchstraße.

Auf der nördlichen Seite des Parkplatzes führt ein Wanderweg auf den **Mt. Hollywood.** Er führt vorbei an einem Wegweiser zur Partnerstadt Berlin („1617 mi") und einem kleinen Wäldchen namens „Berlin Forest". Dahinter eröffnet sich ein herrlicher Blick auf die Stadt, das Observatorium und ggf. den Sonnenuntergang. Ebenfalls gut von hier aus zu sehen sind die Hollywood Hills mit dem Mount Lee und dem Hollywood Sign (s. S. 65).

> Griffith Park Observatory und Planetarium, 2800 E Observatory Rd., Di.–Fr. 12–22, Sa./So. 10–22 Uhr, Eintritt frei, www.griffithobs.org. Mit Puck Café (tolle Aussicht!). Anfahrt: Über Los Feliz Blvd./Vermont Ave. (ausgeschildert „Observatory") zum großen Parkplatz. Öffentlicher Nahverkehr nur an Wochenenden 10–22 Uhr, DASH-Busse ab Metro-Rail-Station „Vermont/Sunset" (Metro-Rail-Tickets haben Gültigkeit).

㊲ AUTRY NATIONAL CENTER OF THE AMERICAN WEST ★ ★ ★ [df]

Der Western wurde in Hollywood „erfunden" und daher wundert es nicht, dass ausgerechnet hier auch der singende Filmcowboy Gene Autry wohnte und aus seinem Nachlass in L.A. ein sehenswertes Museum über den Wilden Westen entstand.

Gegenüber dem Zoo (s. S. 113) liegt der 2003 eröffnete Komplex des Autry National Center of the American

034Ia Abb.: LACVB/AP

Gene Autry

Gene Autry (1907–1998) war ein waschechter **Texaner,** der in den 1940er- und 1950er-Jahren zum legendären **Countrysänger** und **Filmstar** aufstieg. Ihm sind auf dem Walk of Fame als einzigem Künstler Sterne in allen fünf Kategorien (Film, TV, Theater, Musik und Radio) gewidmet. Der musikalische Durchbruch war ihm 1931 gelungen, doch als Schauspieler bekannt wurde er erst ab 1934 mit Western, in denen er den „Singing Cowboy" spielte. In „In Old Santa Fe" trat Autry erstmals als Schauspieler auf, es folgten zahlreiche weitere Filme. Sein berühmtester Song war „Rudolph, the Red-Nosed Reindeer" (1949), von dem über 9 Mio. Exemplare verkauft wurden, und sein größter TV-Erfolg „The Gene Autry Show", von der zwischen 1950 und 1955 91 Folgen liefen. Gene Autry starb am 2. Oktober 1998 im Alter von 91 Jahren in Los Angeles. 1953 hatte er die **Melody Ranch** bei L.A. erworben, die als Filmstudio fungiert (Infos zu Touren: www.melodyranchstudio.com) und 1988 rief er das Museum ins Leben.

West im Adobe-Baustil, bestehend aus dem **Autry Museum of Western Heritage,** dem **Southwest Museum of the American Indian** – bereits 1907 als erstes Museum der Stadt gegründet und eine Topadresse für indianische Kunst und Kultur – und dem **Women of the West Museum.**

Das Autry Museum beschäftigt sich in acht Abteilungen mit der **Geschichte und Kultur des westlichen**

◀ *Zum Griffith Obseratory* **36** *kommt man nachts zum Sternegucken oder aber, um den Ausblick auf die Stadt zu genießen*

Nordamerika, dem Mythos Wilder Westen, großen Westernfilmen und der Western Art. Exponate von der indianischen Frühgeschichte bis zum 20. Jh., das Wells Fargo Theater (Sonderaufführungen und Filme) und Ausstellungen, ein großer Laden und das Golden Spur Café gehören dazu.

Die Besichtigung beginnt im Untergeschoss. Hier befindet sich ein umlaufendes Wandbild (1988), das unter dem Motto „Discovery – Opportunity – Conquest – Community – Cowboy – Romance – Imagination" eine Einführung ins Thema gibt. Man entdeckt auf dem Gemälde interessante Details aus der Geschichte oder **bekannte Gesichter** wie Buffalo Bill, Sitting Bull, Billy the Kid, Tom Mix, Clint Eastwood, James Arness (Matt Dillon aus „Rauchende Colts"), John Wayne und Gene Autry. In den Abteilungen ringsum wird die **Geschichte des Westens** unter verschiedenen Gesichtspunkten mit viel Multimedia und zahlreichen Originalen, wie einer alten Bar aus Montana, erläutert. Die Abteilung über *Cattle Ranching* (Rinderzucht) leitet über zum Mythos „Cowboy und Rodeo". Am Ende steht die **Rolle des Westens in Literatur und Film,** mit einem 1 : 1-Nachbau einer Westernstadt als Filmkulisse. Radio- und Filmgeschichte wird anhand von Originalen und Filmausschnitten vorgestellt.

Das Obergeschoss steht ganz im Zeichen der **bildenden Kunst** – „Western Art" mit großartigen Gemälden und Skulpturen von Bierstadt, Moran, Remington oder Russell.

❯ 4700 Western Heritage Way/Griffith Park, www.autry-museum.org, Di.–Fr. 10–16, Sa./So. 11–17 Uhr, $ 9. Anfahrt: Großer (kostenloser) Parkplatz direkt am Museumskomplex. Öffentlicher Nahverkehr: Bus 96 bis „L.A. Zoo".

㊳ PASADENA ★ [ef]

Die Valleys gelten heute als beliebte (und teure) Wohnadresse. Das am Fuße der San Gabriel Mountains gelegene Pasadena ist zusammen mit dem sich südlich anschließenden San Marino einen Ausflug wert. Weithin bekannt wegen seiner Parkanlagen und Gärten, trägt Pasadena auch den Namen **City of Roses**. Am Neujahrstag findet hier die berühmte **Rosenparade** statt – ein Blumenkorso mit Festwagen, der landesweit im Fernsehen übertragen wird. Auch das abschließende College-Football-Pokalspiel um die **Rose Bowl**, eine Meisterschale, lockt jährlich über 100.000 Fans an.

Ein geschlossenes historisches Viertel ist **Old Pasadena** um die Hauptachse Colorado Boulevard. Besucher finden hier gut 200 Cafés, Restaurants, Pubs mit Livemusik, Kinos, Kunstgalerien und edle Boutiquen. Die Architektur der älteren Gebäude zeigt spanisch-mexikanische Einflüsse, beispielsweise die City Hall (100 N Garfield Ave.) von 1927.

Zu den kulturellen Highlights gehört das von Frank Gehry renovierte **Norton Simon Museum**. Die Kunstsammlung, die von Norton Simon (1907–1993) zusammengetragen wurde, umfasst über 12.000 Objekte aus aller Welt – von Europa über Südostasien bis Amerika –, wovon nur jeweils ein Bruchteil gezeigt werden kann. Der Schwerpunkt liegt auf europäischen Kunstwerken vom 14. bis 20. Jh.

Architekturfreunde sollten sich das **Gamble House**, 1908 von den Greene-Brüdern als Prototyp des „Bungalow Style" für David und Mary Gamble (Procter & Gamble) erbaut, nicht entgehen lassen.

★ **212** [ef] **Gamble House,** 4 Westmoreland Pl., www.gamblehouse.org, Touren alle 20–30 Min., Do.–So. 12–15 Uhr, $ 10. Anfahrt: Die nächste Metro-Rail-Station (Gold Line „Memorial Park") ist etwa 2 km entfernt, alternativ: Bus 267 ab „Los Robles/Colorado" bis „Orange Grove/Rosemont".

❯ **Norton Simon Museum** (s. S. 34), $ 8. Anfahrt: Bus 180/181 (entlang Colorado Blvd. bis „Colorado/Orange Grove").

★ **213** [ef] **Old Pasadena,** E Colorado Blvd., www.oldpasadena.org. Anfahrt: Metro Rail – Gold Line bis „Memorial Park".

★ **214** [ef] **Rose Bowl,** 1001 Rose Bowl Dr., www.rosebowlstadium.com. Anfahrt: Bei Veranstaltungen Shuttlebusse ab Parson Engineering (Walnut St./Fair Oaks Ave., nahe Old Pasadena).

㊴ HUNTINGTON LIBRARY, ART COLLECTIONS, AND BOTANICAL GARDENS ★ ★ ★

The Huntington gehört zu den ungewöhnlichsten, aber bei ausländischen Reisenden eher unbekannten Attraktionen in L.A.: Etliche Stunden kann man sich in ausgedehnten Gartenanlagen ergehen und dabei Pflanzen aus aller Welt und verschiedene Ökosysteme kennenlernen. Kunstfreunde finden ausgezeichnete Sammlungen britischer und amerikanischer Kunst und Bibliophile bekommen eine ungewöhnliche Bibliothek zu sehen.

Das „Huntington", die Huntington Library, Art Collections, and Botanical Gardens, liegt genau genommen nicht in Pasadena, sondern in **San Marino**, Wohnsitz der Millionäre. Henry Huntington hatte sich den Park ab 1903 von einem deutschstämmigen Gärtner namens William Hertrich anlegen lassen. In der 1911 erbauten Villa befindet sich heute eine

bedeutende **Sammlung britischer Malerei,** in einem Neubau sind Beispiele **amerikanischer Kunst ab dem 19. Jh.** zu bewundern. Von der über 400.000 Bände umfassenden **Bibliothek,** die in einem eigenen repräsentativen Bau untergebracht ist, werden nicht nur Anglisten wegen der **Original-Handschriften** englischer und amerikanischer Literatur begeistert sein, sondern auch Laien. Immerhin gehört auch eine originale Gutenberg-Bibel zum Bestand.

Höhepunkt ist jedoch der **Botanische Park,** der aus 15 einzelnen Gärten besteht. Im Desert Garden beispielsweise sind mehrere Tausend verschiedene Kakteenarten vereint – er gilt als einzigartig. Daneben gibt es subtropische und australische Abteilungen, einen Rosengarten von 1903 mit über 1000 Sorten, aber auch einen Kräuter-, Palmen- (aus aller Welt), Kamelien- oder Orangengarten. Der große japanische und der neu angelegte chinesische Garten machen den Vergleich zwischen zwei unterschiedlichen Gestaltungsprinzipien möglich. Neben einem *Conservatory,* einem Gewächshaus mit einer Ausstellung über Umwelt und Regenwald, rundet ein ungewöhnlicher Children's Garden – eine Art Lehrpfad für Kinder – den etwa 2 km langen Rundgang ab.

▲ *The Huntington hat nicht nur bibilophile Raritäten und Kunstwerke zu bieten, sondern auch einen vielseitigen Botanischen Garten*

KLEINE PAUSE

Teestunde im Park
Speisen wie ein englischer Lord oder eine Lady: Exklusive Tees und delikate Sandwiches, Scones, Salate und Desserts werden im **Rose Garden Tea Room** in den Huntington Gardens ❸❾ mit Blick auf den Rosengarten tgl. außer Di. ab 12 Uhr serviert (Reservierung: Tel. 626 6838131).

❯ 1151 Oxford Rd., San Marino, www. huntington.org, im Sommer tgl. außer Di. 10.30–16.30 Uhr, sonst Mo./Mi.– Fr. 12–16.30, Sa./So. 10.30–16.30 Uhr, $ 15, am Wochenende $ 20, 1. Do. im Monat Eintritt frei. Mit großem Laden, Café und *Tea Room*. Die Anfahrt mit öffentlichen Nahverkehrsmitteln ist schwierig, da die nächste Bushaltestelle (Bus 267 „Del Mar Blvd. & Allen Ave.") ca. 3 km entfernt liegt.

ANAHEIM/ ORANGE COUNTY

Hätte Walt Disney nicht 1955 ausgerechnet im Südosten von L.A. Disneyland bauen lassen, würde wohl kaum jemand die inzwischen zehntgrößte Stadt Kaliforniens, Anaheim, kennen. Damals konnte auch noch niemand ahnen, dass der Park zu einer der Hauptattraktionen des Staates werden würde.

Das von den deutschen Weinbauern Charles Kohler und John Frohling im späten 19. Jh. gegründete Anaheim war lange Zeit das Hauptweinanbaugebiet Kaliforniens, ehe Orangenhaine angelegt wurden und für einen neuen Boom sorgten. So wurde 1889 Orange County aus der Wiege gehoben, zu dem heute 34 Städte – darunter Anaheim, Buena Park, Garden Grove oder Santa Ana – gehören. Um die Jahrhundertwende hatten Bahn- und Schiffsverkehr zugenommen und sich aus dem Agrar- allmählich ein Handelszentrum entwickelt. Heute stehen an Stelle duftender Orangenhaine Industrieanlagen, Vergnügungsparks sowie zwei Sportarenen: Edison International Field (Baseball) und Arrowhead Pond (Eishockey).

❹❿ DISNEYLAND ★★★

Seit 1955 leben in Disneyland die Heldenfiguren unserer Kindheit – in einer Kunstwelt, für die zugleich Sehenswürdigkeiten aus aller Welt und ferne Galaxien nachgebaut wurden. Hier begegnen großen und vor allem kleinen Besuchern Mickey Mouse, Goofy und all die anderen Comicfiguren aus Disneys Traumwelt.

Alljährlich strömen über 15 Mio. Besucher nach Disneyland, den „happiest place on earth", wie Walt Disney ihn selbst nannte, der sich mit dem Park einen Kindheitstraum erfüllt hatte. Auf die Frage, warum er einen Vergnügungspark baue, antwortete Disney kurz und bündig: „So etwas baue ich nicht, ich lasse ein Disneyland entstehen, den glücklichsten Platz auf Erden."

Der Komplex – als **Disneyland Resort** bezeichnet – ist mehrteilig: Im Norden befindet sich der „alte" **Disneyland Park**, im Süden das 2001 eröffnete **Disney's California Adventure** und zwischen beiden breitet sich **Downtown Disney** aus, ein frei zugängliches Fußgängerareal mit Läden, Restaurants und einem großen Hotel- und Resortkomplex am Westende.

Disneyland

Seit der Eröffnung sind aus bescheidenen 18 mehr als 60 Attraktionen geworden und am besten verschafft man sich zunächst während einer Fahrt mit dem beliebten Eisenbähnchen einen Überblick über das Areal. An den Bahnhof am Eingang schließt sich der Town Square an und hier beginnt die **Main Street USA**, ein fiktiver Nachbau der Hauptstraße einer amerikanischen Kleinstadt um 1900. Hier findet täglich am Spätnachmittag die „Parade of the Stars" statt, zudem gibt es ein kleines Museum, das Walt Disney gewidmet ist, und ein Stehkino, in dem konstant Szenen aus beliebten Comics laufen.

Von der **Central Plaza** ausgehend sind die einzelnen Parkareale kreisförmig angelegt: Im **Adventureland** stehen exotische Regionen der Welt wie ein indischer Dschungel oder das „Indiana Jones Adventure" im Mittelpunkt, während der **New Orleans Square** Besucher in die beliebte Südstaatenmetropole entführt. **Critter Country** ist etwas für die Kleineren, die spielerisch in die Welt des Waldes eintauchen können. **Frontierland** widmet sich dem „Wilden Westen" und seinen Pionieren, Cowboys und Indianern. Im Zentrum der Anlage steht jedoch **Fantasyland**, das berühmte Märchenland, das man durch das **Sleeping Beauty Castle**, das nachgebildete Schloss Neuschwanstein,

▲ *Mit Mickey gelang Walt Disney der Durchbruch ...*

▲ *... ehe er 1955 den ersten Vergnügungspark eröffnete ...*

▶ *... in dessen „Fantasyland" einem ein Schloss vertraut vorkommt*

WALT DISNEY

Walt Elias Disney *wurde am 5. Dezember 1901 als viertes von fünf Kindern in* **Chicago** *geboren. Der Vater war ein strenger, religiöser Bauer und Zimmermann, kämpfte konstant mit Geldproblemen und zog mit seiner vielköpfigen Familie mehrmals um. Ungeachtet der turbulenten Zeiten begann Walt schon als kleiner Junge zu zeichnen. Während des Ersten Weltkriegs als Angehöriger des Roten Kreuzes in Frankreich, beschloss er nach seiner Rückkehr,* **Illustrator** *zu werden – zu Anfang nicht sonderlich erfolgreich.*

Disney zog an die Pazifikküste, wo ihm 1927 mit der Erfindung von **Mickey Mouse** *erster kommerzieller Erfolg beschieden war. Die Figur, neben McDonald's oder Coca Cola* **das amerikanische Symbol** *schlechthin, kam von Anfang an beim Publikum an und gehörte bald zum Vorprogramm eines jeden Kinofilms. Nach und nach dachte sich Disney weitere menschenähnliche Tiere aus. Er stellte Mickey die kokette* **Minnie** *zur Seite und im Laufe der Zeit wurden von ihm und seinen Mitarbeitern weitere Figuren wie* **Donald Duck** *und* **Onkel Dagobert, Daniel Düsentrieb, die Panzerknacker, Pluto** *oder* **Goofy** *kreiert.*

Außer den bekannten Comicstrip- und Trickfilmgestalten zeichnete Disney auch die Vorlagen für **längere Filme** *wie „Schneewittchen und die sieben Zwerge", der 1935 mit einem Einspielergebnis von $45 Mio. zum Megaerfolg wurde. Daneben interessierte er sich für* **Natur und Tierwelt** *und produzierte* **Dokumentationen** *wie „Die Wüste lebt" (1953) oder „Wunder der Prärie" (1954) und den Abenteuerfilm „20.000 Meilen unter dem Meer" (1954). Gleichzeitig reizte ihn die Idee, den Menschen mit Vergnügungsparks eine Flucht aus dem Alltagsleben zu ermöglichen.* **Disneyland** *wurde am 18. Juli 1955 eröffnet und der sich rasch einstellende Erfolg ermunterte Disney, sein Konzept auf Florida zu übertragen.* **Walt Disney World Orlando** *folgte 1971,* **EPCOT** *(Experimental Prototype Community of Tomorrow), die Verwirklichung von Disneys lange gehegten Zukunftsvisionen, 1982.*

Die Vollendung des Florida-Parks erlebte Walt Disney nicht mehr: Am 7. November 1966 wurde der Kettenraucher wegen **Lungenkrebs** *operiert und starb am 15. Dezember desselben Jahres. Disney hat nicht nur eine typisch amerikanische Bilderbuchkarriere hingelegt, sondern auch das Genre des Comic und des Trickfilms vom Stigma der „niederen Unterhaltung" befreit und es gesellschaftsfähig gemacht.*

betritt. Hier werden Szenen, Figuren und Lieder aus den beliebten Disney-Produktionen wie „Little Mermaid", „Aladdin", „Lion King" oder „Pocahontas" lebendig. Teil davon ist **Mickey's Toontown,** die in Kindergröße reduzierte Heimat von Mickey Mouse und seinen Freunden. Den Abschluss bildet schließlich **Tomorrowland,** das die Zukunft und ferne Planeten zum Thema hat.

In den einzelnen Abteilungen stehen die *rides* (Fahrgeschäfte), v. a. die Achterbahnen im Zentrum. Davor bilden sich oft lange Schlangen, aber auch die zahlreichen Imbisskioske und Souvenirläden sind stets umlagert.

Disney's California Adventure

Topmodern präsentiert sich der California Adventure Park, der 2001 eröffnet wurde. Viele der Attraktionen hier sind für Erwachsene mindestens ebenso spannend wie für Kinder. Wahrzeichen und beliebter Fotospot des Parks ist das markante Schriftzeichen **CALIFORNIA** am Zugang. Das gut 22 ha große Areal besteht aus drei Großbereichen, die sich an den Eingangsbereich mit einem verkleinerten Nachbau der Golden Gate Bridge anschließen.

Linker Hand befindet sich **Hollywood Pictures Backlot**, der Nachbau des Hollywood Boulevard mit dem Hyperion Theater, in dem die Show „Steps in Time" gespielt wird. Daneben liegt als wohl interessantester Teil **Disney Animation**, wo die Entstehung von Cartoons erläutert wird. Man kann selbst aktiv werden und beispielsweise „seinen" Disney-Charakter suchen oder eine Figurenabfolge für einen Trickfilm kreieren. Besonders beliebt sind außerdem die Show „Who Wants To Be A Millionaire", bei der 600 Besucher gleichzeitig mitspielen können, und natürlich die 3-D-Muppet-Show.

Rechts des Eingangsbereichs liegt der **Golden State** mit einem Felsmassiv im Zentrum, das sich bei genauerem Hinsehen als das kalifornische Wappentier, als Grizzly, entpuppt. Um und durch den künstlichen Berg führt der „Grizzly River Run" eine Achterbahn, die zum Teil durch Wasser fährt. Ebenso lohnend ist in einem nachgebauten Flugzeughangar der IMAX-Film „Soarin' Over California". Angeschnallt in Flugsitzen, glaubt man, selbst mit einem Gleitschirm über Kalifornien zu fliegen. Sehenswert ist auch der Film „Golden Dreams" zur Geschichte Kaliforniens.

Am südlichen Ende des Parks liegt **Paradise Pier**, Mekka aller Mutigen, mit „King Triton's Carousel", „California Screamin'" – einer Achterbahn, die in 5 Sekunden eine Geschwindigkeit von fast 90 km/h erreicht – und dem Riesenrad „Sun Wheel". „A bug's land" schließlich präsentiert kleinen Gästen die Welt aus der Perspektive eines Käfers.

Downtown Disney

Downtown Disney ist das Bindeglied zwischen beiden Parks und kostet keinen Eintritt. Eine **Monorail-Bahn** (Ticket!) verkehrt zwischen Downtown Disney Station und Disneyland (Tomorrowland). Mehrere **Theme Restaurants** wie Planet Hollywood oder das Rainforest Café sind hier zu finden, außerdem gibt es Entertainment im House of Blues oder bei der Show „Cirque du Soleil La Nouba". Der Downtown Disney Marketplace bietet **Shops** aller Art und in **Pleasure Island** gibt es u. a. einen Irish Pub und einen Kinokomplex. Unter den Läden ragt die riesige **World of Disney** auf über 3700 m² Fläche heraus, außerdem das **LEGO Imagination Center**.

❯ **Disneyland**, 1313 Harbor Blvd./Santa Ana Fwy., Anaheim, im Sommer tgl. 8–1 Uhr, im Winter Mo.–Fr. 10–18, Sa.–So. 9–24 Uhr, „One-Day, one-park" ab $ 76, beide Parks $ 101, günstiger sind die „Park Hopper Tickets" für mehrere Tage. Details unter: http://disneyland.disney.go.com/tickets.

❯ Die **Monorail-Bahn** verbindet das Disneyland Hotel (s. S. 122), den Eingangsbereich (außen) und Tomorrowland (innen). Die **Disneyland Railroad** dreht eine große Runde durch Disneyland (innen) und hält an allen Themenbereichen. **Shuttles** fahren vom Eingangsbereich zu den Parkplätzen und den Hotels im Umkreis.

❯ **Anfahrt und Parken:** Verschiedene Parkhäuser sind ausgeschildert, wobei jenes mit „Theme Parks" das nächstgelegene ist (Gebühr: $ 15). Vom Parkplatz (Nummer merken!) gelangt man mit Shuttles zum Eingang. Mit öffentlichen Verkehrsmitteln ist die Anfahrt zeitaufwendig, von Downtown L.A. fährt der Expressbus 460 (ab „5th/Los Angeles St.") bis „Disneyland Shuttle Entrance". Details unter: http://disneyland.disney.go.com/plan/guest-services/transportation.

🔟 KNOTT'S BERRY FARM ⭐⭐

Knott's Berry Farm ist der älteste Vergnügungspark im Raum Anaheim, bezeichnet sich selbst als „America's Original Theme Park" – und ist in der Tat anders. Wie der Name schon sagt, geht der Komplex auf einen landwirtschaftlichen Betrieb, genauer eine Obstplantage, zurück. 1920 hatte Walter Knott begonnen, Boysenbeeren anzubauen und er eröffnete einen Beeren-Verkaufsstand. In den 1930er-Jahren kam eine Hühnerbraterei dazu und Knott kam auf die Idee, seinen Kunden dazu Unterhaltung zu bieten. Aufgrund seines Faibles für den Wilden Westen entstand 1940 zunächst **Ghost Town**, eine Goldgräberstadt mit Originalbauten von 1848. 1966 kam eine Schmalspurbahn hinzu und nach und nach entstand ein Vergnügungspark. 1983 eröffnete das heutige Markenzeichen des Parks, **Camp Snoopy**, und heute pilgern jährlich rund 5 Mio. Besucher zu den immerhin gut 165 Attraktionen.

Obwohl die Achterbahn „Jaguar", ein Fahrgeschäft namens „Boomerang" und ein Katapult mit dem Namen „HammerHead" für unvergessliche Erlebnisse sorgen, wirkt der Park auf den ersten Blick „harmloser" als Disneyland. Dafür ist er stärker didaktisch und historisch orientiert und versucht, verschiedene Kulturen und Epochen des Westens unter dem Motto „something for everyone on a relaxed basis" zusammenzubringen. Auch hier gibt es ein frei zugängliches Shoppingareal: **Knott's California MarketPlace.** Lohnend für eine kulinarische Pause ist noch heute **Mrs. Knott's Chicken Dinner Restaurant**, das seit 1934 preiswerte Hühnerteile anbietet.

Das Herzstück des Parks ist **Old West Ghost Town**, die seit 1998 eine Holz-Achterbahn namens **GhostRider** quert. Man kann in der Wildweststadt einen Dampfzug besteigen – **Ghost Town & Calico Railroad**, ein Original der Denver & Rio Grande Southern – oder in einer Postkutsche – einem original **Butterfield Stagecoach** – fahren. Goldwaschen, Stunt-Shows und die entsprechenden Läden und Attraktionen gehören ebenfalls dazu. In **Camp Snoopy** dreht sich alles um Charlie Brown, Snoopy und die restlichen „Peanuts". **Fiesta Village** steht synonym für die spanische Vergangenheit Kaliforniens und **Indian Trails** widmet sich dem Leben der Ureinwohner.

Gegenüber dem Park lockt seit dem Jahr 2000 im Sommer der Wasserpark **Knott's Soak City U.S.A.** (8039 Beach Blvd, ww.soakcityusa.com) die Besucher an.

❯ **Knott's Berry Farm,** 8039 Beach Blvd., Buena Park, www.knotts.com, im Winter tgl. 10–18 Uhr, in der Hochsaison bis mind. 20, teils 23 bzw. 1 Uhr, ab $ 55, Parken $ 12 (große Parkplätze direkt am Park)

❯ **Anfahrt:** Mit öffentlichen Verkehrsmitteln zeitaufwendig. Von Downtown L.A. (ab „5th/Los Angeles St.") fährt der Expressbus 460 bis „La Palma/Beach".

PRAKTISCHE REISETIPPS

004la Abb.: CATourism/RW

AN- UND RÜCKREISE

MIT DEM FLUGZEUG

Es gibt **Nonstop-Verbindungen** aus dem deutschsprachigen Raum zum **Los Angeles International Airport (LAX)**: Lufthansa fliegt von Frankfurt, München und Zürich nach L.A., Air New Zealand von Frankfurt und München, ebenso Air Berlin, Letztere allerdings derzeit nur von Anfang Juni bis Ende Oktober und nur zwei bis dreimal pro Woche ab Düsseldorf.

Einen Flug mit **Zwischenstopps** bieten zahlreiche Gesellschaften. Zu bedenken ist jedoch, dass bei einer reinen **Flugzeit** von 11,5 bis 12,5 Stunden eine Flugverbindung mit mehr als einem Zwischenstopp zeittechnisch nicht empfehlenswert ist.

Die **Flugpreise** (hin und zurück) bewegen sich zwischen 600 € (Nebensaison, Sonderangebote, mit Stopp) und 1300 € (nonstop bzw. in der Hauptsaison). Zur ersten Orientierung helfen große Internetportale wie www.expedia.de. Die Fluggesellschaften selbst offerieren immer wieder zeitlich befristete Sonderangebote.

Die **Zeitverschiebung** zwischen Deutschland und L.A. beträgt 9 Std. Der Großteil der Flugzeuge landet am Nachmittag oder frühen Abend und deshalb sind die Auswirkungen des Jetlag zu Anfang nicht gravierend. Schwieriger ist die Zeit nach dem Rückflug, da man nach durchwachter Nacht am Morgen ankommt.

► *LAX – einer der größten Flughäfen der Welt*

◄ *Vorseite: Welcher der schönste Strand im Großraum L.A. ist, muss jeder selbst herausfinden*

Ankunft

LAX [bi] liegt 27 km von Downtown entfernt, am Pazifik, im Stadtteil Inglewood. Es handelt sich bezüglich Passagieraufkommen (56,5 Mio., Stand 2009) und Frachtmenge um den drittgrößten Flughafen der Welt. Das 1959 erbaute Ufo-artige „Theme Building" ist das Wahrzeichen des Flughafens. Es wird von neun Terminals umgeben. Internationale Flüge starten und landen am Tom Bradley International Terminal (TBIT).

❯ **Infos zum Flughafen:** www.lawa.org, www.airport-la.com, www.iflylax.com, Info-Tel. 310 6465252 oder Tel. 1 888 5449444 (kostenlos)
❯ **Fundstelle** (Lost and Found): Tel. 310 417 0440

Im Rahmen des **LAX Master Plan** (www.laxmasterplan.org) ist eine Schnellbahnstation im Terminal geplant, ebenso eine neue Ringstraße, um den Airport besser an I–105 und I–405 anzubinden. Ein *automated people mover,* eine vollelektronische, fahrerlose Bahn, soll die einzelnen Terminals miteinander verbinden.

Sämtliche **Verkehrsmittel**, Vans, Courtesy Tram (zu Mietwagenstationen, Hotels etc.), Busse, Taxis sowie der LAX Shuttle fahren im (unteren) **Arrival Level** vor jedem Terminal ab und sind ausgeschildert. „Departure" und „Ticketing" befinden sich ein Stockwerk darüber.

Vom Flughafen in die Stadt

Grundsätzlich bieten sich folgende Alternativen an, um **in die Stadt zu gelangen:**

❯ per **Bus und Metro Rail:** Zwischen den einzelnen Terminals verkehrt ein **Free Shuttle Service** (Busse weiß mit blauen und grünen Streifen), die **Linie A** (Airline Connection). Die **Linie C** (Airport

Parking) bringt Besucher kostenlos zum City Bus Center nahe Parkplatz C an der 96th St., von wo aus **MTA-Busse** Ziele im Großraum L.A. und Downtown anfahren. Shuttlebusse der **Linie G** bringen Besucher ebenfalls gratis zur **Metro Green Line Aviation Station,** der U-Bahn-Haltestelle und von dort geht es dann (mit Umsteigen in die Blue Line) in die Stadt ($ 1,50, Infos: www.metro.net).

❯ Per Bus: **LAX-FlyAway-Busse** (blau) verkehren vom Lower/Arrivals Level jedes Terminals zur Union Station (Downtown), nach Westwood (West Los Angeles), Irvine (Orange County) und Van Nuys (San Fernando Valley), tagsüber mind. alle 30 Min., nachts etwa stündlich. Nach Downtown kostet die einfache Fahrt $ 7, nach Westwood $ 5.

❯ Per **Klein(Shuttle-)bus:** Am Ground-Transportation-Schalter in jedem Terminal gibt es Auskünfte und Tickets für *door-to-door shuttle van service* zu einzelnen Hotels, z. B. von Prime Time Shuttle oder SuperShuttle (ab $ 15 einfach).

❯ Per **Mietwagen** geht von den Mietstationen am Airport Blvd. im Osten des Flughafens via Century Blvd. zur I–405 (San Diego Freeway) und von dort, je nach Fahrtziel, nordwärts Richtung Hollywood bzw. südwärts zur I–105 und I–110 Richtung Downtown.

❯ Mit dem **Taxi** kostet die Fahrt nach Downtown einen Festpreis von derzeit $ 42 (plus Aufschläge/Trinkgeld ca. $ 50), ansonsten je nach Fahrtziel zwischen etwa $ 60 (West Hollywood, Beverly Hills) und $ 80 (Hollywood). Die Fahrtdauer beträgt günstigstenfalls 25 bis 35 Minuten.

MIT BAHN ODER BUS

Die (halbstaatliche) Eisenbahngesellschaft Amtrak bzw. **Amtrak California** verkehrt entlang der Westküste und bietet sich gut für Städtetrips an. Anlaufpunkt der Züge ist in L.A. Downtown die **Union Station** ❷. Hier halten jedoch nicht nur die Überlandzüge, sondern auch drei Metro-Rail-Linien (Red/Purple/Gold) und Metrolink-Nahverkehrszüge (s. S. 125).

❯ Der **Pacific Surfliner** verbindet mehrmals täglich L.A. mit San Diego, einige Züge fahren weiter bis Santa Barbara und San Luis Obispo.

> Der **Coast Starlight** fährt täglich von L.A. über San Francisco und Portland nach Seattle bzw. zurück.
> Der **Southwest Chief** pendelt täglich zwischen Chicago und L.A. quer durch Arizona, New Mexico (Albuquerque), Kansas (Kansas City) und Missouri.
> Der **Sunset Limited** verbindet dreimal wöchentlich L.A. mit New Orleans über Tucson und San Antonio.
> **Infos:** www.amtrakcalifornia.com, Tel. 1 800 872 7245 bzw. in Deutschland: www.crd.de/amtrak/bahnpaesse.php, Hotline: Tel. 040 30061623

Der **Greyhound-Busbahnhof** (www.greyhound.com) befindet sich in Downtown (1716 E 7th St.), darüberhinaus gibt es **Busgesellschaften** wie **LuxBus** (www.luxbusamerica.com, Anaheim–San Diego–Vegas) oder **Low Fare Bus** (www.lowfarebus.com, L.A.–San Francisco Bay Area).

AUTOFAHREN

Autofahren ist in den USA normalerweise entspannend, denn man fährt hier defensiv und gemächlich – leider ist L.A. eine Ausnahme. Staus und eine eher **temperamentvolle** und **unvorhersehbare Fahrweise** machen das Herumkommen in der Stadt nicht immer stressfrei und nirgendwo sonst in den USA sind die **Parkgebühren** so astronomisch hoch.

Besonders zu vermeiden sind Fahrten während der *rush hour* – normalerweise 7 bis 9 und ab 15/16 bis 20 Uhr. Genaues Kartenstudium, ein guter Lotse als Beifahrer und eine gewisse Nervenstärke angesichts der zahlreichen Fahrspuren und des dichten Verkehrs sind Grundvoraussetzungen, um mit dem Auto in Los Angeles unterwegs zu sein.

Der kalifornische **Automobilklub CAA** (California State Automobile Association, www.csaa.com) – Teil der **AAA** – versorgt Reisende bei Vorlage einer ADAC-, ÖAMTC- oder TCS-Mitgliedskarte gratis – sonst aber auch gegen Gebühr – mit aktuellem Kartenmaterial und TourBooks. Es gibt mehrere CAA-Filialen im Großraum L.A., z. B.:
- **215** [dh] **CAA (L.A.),** 2601 S Figueroa St.
- **216** [g3] **CAA (West Hollywood),** 7100 Santa Monica Blvd.

Einen **Mietwagen** bucht man am besten schon zu Hause, da die angebotenen Komplettpakete günstiger sind als eine Buchung vor Ort. Abgesehen von den großen Firmen wie Avis (www.avis.de), Alamo (www.alamo.com) oder Hertz (www.hertz.com) gibt es auch günstige Mietwagen-Broker (www.mietwagen-brooker.de).

Bei **Pannen** schicken Verleihfirmen von Mietwagen – sofern möglich – einen **Servicewagen**, ansonsten sollte man den **AAA-Pannendienst** verständigen. Bei kleineren Defekten kann der Wagen an der nächsten Vermietstation repariert oder umgetauscht werden.
> ADAC/ÖAMTC-Notruf: Tel. 1 888 2221373
> AAA-Pannenhilfe: Tel. 1 800 2224357

BESONDERE VERKEHRSREGELN

> **Geschwindigkeiten:** Stadtgebiet 20–35 mph (ca. 30–50 km/h), Landstraße max. 55 mph (ca. 90 km/h), Autobahn 65–75 mph (ca. 105–120 km/h). **Speeding** (zu schnelles Fahren) wird scharf überwacht und hart bestraft.
> **Rechtsabbiegen** bei Rot ist erlaubt, wenn es gefahrlos möglich und kein Schild „No turn on red" (Abbiegen bei Rot verboten) angebracht ist.

KLEINES STRASSEN-EINMALEINS

Es ist nicht so schwer, sich im Auto-bahn- und Straßenwirrwarr von L.A. zurechtzufinden, beherzigt man ein paar allgemeine Hinweise: Boulevards verlaufen meist in Ost-West-Richtung, Avenues dagegen meist nord-südlich. Der „Nullpunkt" befindet sich an der Ecke 1st/Main St. in Downtown, da-von ausgehend werden die Hausnum-mern gezählt und die Himmelsrich-tungen zugefügt: z. B. heißt die Fairfax Ave. nördlich der 1st St. „North Fair-fax", südlich „South Fairfax".

Freeways tragen Nummern und Namen, dabei sind I-5 (Nord-Süd) und I-10 (West-Ost) die beiden wich-tigsten Überlandautobahnen. Inter-states mit dreistelligen Nummern (z. B. I-405) sind Umgehungsstrecken zu diesen beiden Hauptachsen. Dane-ben gibt es überregionale Straßen (US Hwy.) sowie Staatsstraßen (CA Hwy.). Die wichtigsten sind:

❯ *I-5 (Golden State Freeway/Santa Ana Freeway): wie die US 101 nord-westlich von Downtown in die Val-leys und weiter nach San Francisco (Norden) bzw. Richtung Anaheim (Orange County) und San Diego (Süden) verlaufend.*

❯ *I-10 (Santa Monica Freeway/San Bernadino Freeway): quert L.A. ausgehend von Santa Monica in West-Ost-Richtung und trennt Hollywood, Beverly Hills und Mid-town von South L.A. Folgt dem Verlauf der legendären Route 66!*

❯ *US 101 (Hollywood Freeway/Ven-tura Freeway): besser bekannt als „Pacific Coast Hwy.", verläuft von San Diego im Süden bis Olympia (Washington State) im Norden entlang der Küste.*

❯ *I-110/Hwy. 110 (Harbor Freeway/ Pasadena Freeway): in Nord-Süd-Richtung, westlich von Downtown.*

❯ *I-405 (San Diego Freeway): Nord-Süd-Achse in der Westside der Stadt*

❯ *I-210 (Foothill Freeway): verläuft parallel zur I-5 im Norden und zur I-10 im Osten.*

❯ *I-710 (Long Beach Freeway): führt von L.A. nach Long Beach.*

❯ *CA Hwy. 1: Nebenroute des Pacific Coast Hwy., direkt entlang der Pazifikküste*

❯ *CA Hwy. 2 (Glendale Freeway): wird nordwestlich von Downtown zum Santa Monica Blvd., verläuft durch Hollywood nach Santa Monica.*

❯ **Auf- und Abfahrten** sind in Kalifornien nach Meilen nummeriert und können sich auch links befinden.

❯ **Rechts überholen** bei mehreren Spuren ist erlaubt.

❯ **Car Pools** sind ausgewiesene, teils „eingemauerte" Spuren – High Occupancy Vehicle (HOV) lanes – für Fahrgemeinschaften (2 oder 3 Pers.) oder Busse, die beschleunigtes Durch-kommen im Stadtgebiet ermöglichen und weniger Abzweigungen aufweisen.

❯ **Alkohol** darf nur im Kofferraum transpor-tiert werden. Gesetzlich gilt eine 0,5-Promille-Grenze, Verstöße werden streng geahndet.

❯ Eine Gallone (3,8 l) **Normalbenzin** *(un-leaded regular)* kostet ca. $ 3 bis $ 3,50 (Stand Ende 2010). Aktuelle Preise: www.losangelesgasprices.com.

❯ **Vorfahrt:** Rechts vor links existiert nicht, stattdessen gibt es Stoppschilder, die nach dem Prinzip „wer zuerst kommt, fährt zuerst" funktionieren.

BARRIEREFREIES REISEN

Die Vereinigten Staaten (und auch die Stadt L.A.) sind ein gutes Reiseziel für Menschen mit einer Behinderung *(handicapped/disabled people)*. Ausgewiesene **Parkplätze, Aufzüge** und **Fußwegabsenkungen** sind generell üblich, ebenso **Hotels** oder **Mietwagen** mit behindertengerechten Einrichtungen. Allgemeine Infos erhält man bei:

> SATH, Society for Accessible Travel & Hospitality, Tel. 212 4477284, www.sath.org

Konkrete Informationen zur Barrierefreiheit von **Attraktionen** und **Museen** sowie zum **Nahverkehr** und anderen praktischen Aspekten finden sich unter:

> www.latourist.com/index. php?page=access-guide
> http://discoverlosangeles.com/guides/la-living/active-la/la-for-disabled-visitors.html

DIPLOMATISCHE VERTRETUNGEN

IN DEUTSCHLAND, ÖSTERREICH UND DER SCHWEIZ

> Botschaft der Vereinigten Staaten, Pariser Platz 2, 10117 Berlin, Tel. 030 83050, Konsularabteilung (Visa): Clayallee 170, Tel. 0900 1850055 (Mo.–Fr. 7–20 Uhr), http://germany. usembassy.gov
> Botschaft der Vereinigten Staaten, Boltzmanngasse 16, 1090 Wien, Tel. 01 313390, Visa: Tel. 0900 510300, www.usembassy.at

> Botschaft der Vereinigten Staaten, Sulgeneckstr. 19, 3007 Bern, Tel. 031 3577011, Visa-Terminabsprachen: Tel. 0900 878472, http://bern. usembassy.gov

IN LOS ANGELES

- ●**217** [e7] **Consulate General of the Federal Republic of Germany,** 6222 Wilshire Blvd., Suite 500, Los Angeles, CA 90048, Tel. 323 9302703, www.germany.info/Vertretung/usa/en/03_Consulates/Los_Angeles/01/_Data.html
- ●**218** [bg] **Consulate General of Austria,** 11859 Wilshire Blvd., Suite 501, Los Angeles, CA 90025, Tel. 310 4449310, www.austria-la.org
- ●**219** [bg] **Consulate General of Switzerland,** 11766 Wilshire Blvd., Suite 1400, Los Angeles, CA 90025, Tel. 310 5751145, www.eda.admin.ch/la

EIN- UND AUSREISEBESTIMMUNGEN

DOKUMENTE UND FORMULARE

Dank des **Visa Waiver Program** (VWP) ist ein Visum für Staatsbürger von Teilnehmerländern (wie Deutschland, Österreich und der Schweiz) bei einem Aufenthalt von max. 90 Tagen und Vorlage eines Rückflugtickets nicht nötig. Besucher müssen im Besitz eines maschinenlesbaren **Reisepasses** sein, der mindestens noch die gesamte Aufenthaltsdauer gültig ist. Auch Kinder benötigen einen eigenen Pass. Alle Bürger, auch Kinder, die ohne Visum einreisen, müssen sich im Rahmen von **ESTA (Electronic System for Travel Authorization)** spätestens 72 Stunden vor Abflug online registrieren:

> https://esta.cbp.dhs.gov (Antrag)
> http://german.germany.usembassy.
  gov/visa/vwp/esta (deutsche
  Erläuterungen)

Bei der Online-Registrierung ist eine **Gebühr** von $ 14 zu bezahlen (per Kreditkarte bzw. im Reisebüro). Wer einmal registriert ist, kann innerhalb von zwei Jahren, ohne erneut zu bezahlen, mehrfach einreisen, sofern der Pass so lange gültig ist.

Seit dem 1. November 2010 müssen die Fluggesellschaften im Rahmen von „**Secure Flight**" 72 Stunden vor Abflug alle **maßgeblichen Passagierdaten** (voller Name gemäß Reisepass, Geburtsdatum, Geschlecht) zur Weiterleitung an die TSA (Transportation Security Administration) vorliegen haben.

Die bislang üblichen **APIS-Formulare** (Advance Passenger Information System) sollen mit Secure Flight zusammengelegt werden, wobei die dort üblichen Angaben – Reisepassnummer, Ausstellungsland, Ablaufdatum, Staatsangehörigkeit, Wohnsitz, komplette Adresse in den USA – auch zu einem späteren Zeitpunkt aktualisiert werden können.

> Infos: www.tsa.gov/what_we_do/
  layers/secureflight/faqs.shtm

Das grüne **I-94W-Formular** zur visumsfreien Einreise wird derzeit von einigen Fluggesellschaften noch verteilt, soll aber ebenfalls entfallen.

Wer länger als 90 Tage lang im Land bleiben möchte – z. B. zum Studieren oder Arbeiten – oder Staatsbürger eines Landes ist, das nicht am VWP teilnimmt, muss sich ein **Visum** beschaffen. Informationen dazu gibt es unter:

> http://german.germany.usembassy.
  gov/visa

EINREISE

Am Einreiseschalter *(Immigration Counter)* des ersten Flughafens in den USA wird der Pass gescannt und es werden **Fragen** zu Reiseroute, Zweck der Reise, Beruf, Bekannten oder Freunden in USA, evtl. auch zum Reisebudget gestellt. Es werden **elektronische Fingerabdrücke** genommen und es wird ein **Foto** gemacht, ehe es den Stempel mit einer auf normalerweise drei Monaten festgelegten Aufenthaltsdauer gibt. Der Vorgang dauert nur wenige Minuten.

Informationen zu den **aktuellen Einreisebestimmungen** gibt es im Internet unter:

> http://travel.state.gov/visa/temp/
  without/without_1990.html

ZOLL

Im Flugzeug werden **weiße Zollerklärungen** *(customs form)* verteilt, auf denen anzugeben ist, ob bzw. welche zollpflichtigen Waren mitgeführt werden. Eine **Devisenbeschränkung** gibt es nicht, lediglich Summen über $ 10.000 müssen deklariert werden. Details zu den Einfuhrbestimmungen erhält man unter:

> **Deutschland:** www.zoll.de, Zollinfocenter, Tel. 069 46997600
> **Österreich:** www.bmf.gv.at, Zollamt Villach, Tel. 04242 33233
> **Schweiz:** www.ezv.admin.ch, Zollkreisdirektion Basel, Tel. 061 2871111

Einreise in die USA.

> 1 l Alkohol bzw. 200 Zigaretten oder 100 Zigarren (keine kubanischen)
> Geschenke im Wert bis $ 100
> Verboten sind tierische und pflanzliche Frischprodukte/Lebensmittel sowie Samen und Pflanzen, außerdem Klappmesser u. a. gefährliche Objekte. Bei

Medikamenten in größeren Mengen empfiehlt sich ein ärztliches Attest, da die Einfuhr von Rauschmitteln untersagt ist.
> Weitere Details finden sich unter www.customs.gov

Einreise nach Europa/ in die Schweiz

Bei der Rückreise gelten folgende Bestimmungen:
> **Tabakwaren** (über 17-Jährige in EU-Länder und CH): 200 Zigaretten oder 100 Zigarillos oder 50 Zigarren oder 250 g Tabak
> **Alkohol** (über 17-Jährige in EU-Länder): 1 l über 22 Vol.-% oder 2 l bis 22 Vol.-% und zusätzlich 4 l nicht-schäumende Weine und 16 l Bier; in die Schweiz: 2 l (bis 15 Vol.-%) und 1 l (über 15 Vol.-%)
> **Andere Waren** für den persönlichen Gebrauch (über 15-Jährige) bis zu einem Warenwert von 430 €, in die Schweiz bis CHF 300
> **Weitere Informationen** erhält man unter www.zoll.de, www.bmf.gv.at bzw. www.ezv.admin.ch.

ELEKTRIZITÄT

In den USA gibt es **Wechselstrom von 110 bis 115 V**, daher müssen mitgebrachte Geräte umstellbar sein. Wegen der anderen Steckdosenform ist außerdem ein **Adapter** nötig, den man am besten schon von zu Hause mitbringt bzw. am Flughafen oder in einem Elektrogeschäft kauft.

WECHSELKURS

Stand Ende 2010:
1 €	=	1,40 $
1 Sfr	=	1,04 $
1 $	=	0,71 € bzw. 0,96 Sfr

GELDFRAGEN

KARTEN UND REISESCHECKS

Das Zauberwort in Amerika heißt **credit card**, wobei Mastercard und Visa die gebräuchlichsten sind. Selbst Kleinstbeträge werden mit Kreditkarte bezahlt und sie ist nötig, um Kaution (z. B. Mietwagen, Hotelzimmer) zu stellen bzw. eine Buchung zu garantieren. Bei bargeldlosem Zahlen werden 1 bis 2 % für den Auslandseinsatz berechnet, Bargeld am Automaten (**ATM**), bei Banken, aber auch in Geschäften zu ziehen, kostet ebenfalls eine Gebühr in unterschiedlicher Höhe.

Die **Maestro-(EC-)Karte** ist an gekennzeichneten Automaten („Cirrus/ Maestro") und gegen einen Aufschlag (Höhe je nach Hausbank) einsetzbar. Mit der **Postbank SparCard** lässt sich an gekennzeichneten VISA-PLUS-Automaten zehnmal jährlich gebührenfrei Geld ziehen.

Travelers Cheques in Dollarbeträgen von günstigerweise $ 50 verhelfen schnell zu Bargeld – z. B. in American Express- oder Travelex-Filialen, aber auch in Hotels (meist max. $ 50/ Tag) – und gelten als Zahlungsmittel in Geschäften. Restbeträge werden bar herausgegeben.

Wie Kreditkarten sind auch Schecks **versichert** (Seriennummern notieren und Kaufbeleg aufbewahren!), bei Verlust oder Diebstahl können die Sperrung (s. S. 113) und der Ersatz von Karten oder Schecks veranlasst werden.

BARGELD

Bargeld ist nur in wenigen Fällen unabdingbar, etwa an Automaten (v. a. **Quarter-Münzen**) oder für Trinkgelder. Selbst in Supermärkten und an Zapfsäulen kann mit Kreditkarte bezahlt werden. Es ist an sich aber kein Problem, in einer Bank oder (schneller) in einer Filiale von American Express, Travelex oder anderen „Currency Exchange"-Stellen Euro (oder Reiseschecks) in **US-Dollar** ($ 1 = 100 Cent) umzuwechseln, sofern man die Fahrt dorthin nicht scheut und die schlechteren Kurse und zusätzlichen Gebühren in Kauf nimmt.

- **220** [a6] **American Express,**
  327 N Beverly Dr., Beverly Hills
- **221** [B4] **Bank of America,**
  333 S Hope St.
- **222** [bg] **International Currency Express,**
  427 N Camden Dr., Beverly Hills
- **223** [B4] **Wells Fargo Bank,**
  333 S Grand Ave.

PREISE UND KOSTEN

L.A. ist ein ziemlich **teures Pflaster,** gleichermaßen was Hotelpreise angeht wie auch bei den Kosten für Restaurantbesuche, Parkgebühren oder Einkaufstouren. Wochenmärkte, Läden und Imbisslokale bieten jedoch Alternativen zu teuren Lokalen.

Die **Eintrittspreise** sind der Qualität und Größe der Museen angemessen und es gibt für Studenten und Senioren Ermäßigungen und gelegentlich verbilligten oder freien Eintritt (s. S. 34). Die Ticketpreise für den **öffentlichen Nahverkehr** sind – angesichts der Streckenlängen – sehr moderat.

■ L.A. PREISWERT

*Der **Hollywood CityPass** (s. S. 64) bietet freien Eintritt zu Attraktionen und die Teilnahme an Touren. Es gibt ihn auch für ganz Südkalifornien (www. citypass.com/city/socal).*

*Bei der **Go Los Angeles Card** (www. SmartDestinations.com/losangeles) für 1 bis 7 Tage (z. B. $ 59,99/1 Tag, $ 159,99/3 Tage) können Museen, Attraktionen und Touren von einer langen Liste beliebig gewählt werden. Es gibt sie bei der Visitor Information (s. S. 106). Die Karte lohnt sich jedoch nur bei einer Aufenthaltsdauer von mind. 3 Tagen.*

*Viele **Museen** haben an bestimmten Tagen **freien oder reduzierten Eintritt** (s. S. 34). **Gratiskonzerte** finden meist von Mai bis Sept. an verschiedenen Orten, Plätzen und Museen statt (s. S. 31).*

***Preiswert essen** lässt sich z. B. in Chinatown ❸ oder Little Tokyo ❾, im L.A. Farmers Market (s. S. 74) oder*

*im Grand Central Market ❽. Mit ein bisschen Glück (oder langfristiger Planung) kann man auch kostenlos bei **TV-Shows** dabei sein: Tickets gibt es z. B. bei Audiences Unlimited (www. tvtickets.com), weitere Infos („TV Show Tapings" oder „How to Get on a Game Show") unter http://discoverlosangeles. com (Menüpunkte „Play/Arts, Music & Entertainment").*

*Die **LAStage Alliance** verkauft in den Visitor Centers Tickets für Konzerte, Theater u. a. Events zum halben Preis (s. S. 107).*

*Touren durch die **Walt Disney Concert Hall** ❻ sind gratis, ebenso der Besuch von **Getty Villa** ❸❷, **Getty Center** ❸❶ (nur Parkgebühr) und **Scien-Center** ❶❹.*

***Weitere kostenlose Aktivitäten** und Angebote („100 Free Things to Do") findet man auf http://discoverlosangeles. com unter dem Menüpunkt „Play/Activities & Recreation".*

INFORMATIONSQUELLEN

INFORMATIONSSTELLEN ZU HAUSE

L.A. ist durch eine deutsche Agentur vertreten, die auch für Österreich und die Schweiz zuständig ist:

› **LA INC., The Los Angeles Convention and Visitors Bureau,** c/o. 2shores International, Anette Kaiser-Rott, Tel. 05691 8066388, akaiserrott@LAinc.us, www.discoverlosangeles.com. Versand von kostenlosem Infomaterial über L.A.

› Informationsmaterial über **Kalifornien** verschickt der Touristikdienst Truber, Schwarzwaldstr. 13, 63811 Stockstadt/Main, www.visitcalifornia.de (deutsch), Tel. 06027 402820.

INFORMATIONSSTELLEN IN L.A.

Touristeninformation

●**224** [B4] **LA INC., The Los Angeles Convention and Visitors Bureau (LACVB),** 333 S Hope St., Tel. 213 6247300, www.discoverLosAngeles.com. Hauptstelle des Tourismusamtes mit mehrsprachigem Personal, Broschüren, Tickets, Karten und vielerlei Infomaterial.

Außerdem gibt es in Los Angeles noch zwei **Besucherzentren:**

●**225** [A5] **Downtown Los Angeles Visitor Information Center,** 685 S Figueroa St., Tel. 213 689 8822, Mo.–Fr. 8–17, Sa. ab 8.30 Uhr. Infomaterial, Tickets u. a. Service.

●**226** [h2] **Hollywood Los Angeles Visitor Information Center,** Hollywood & Highland Center, 6801 Hollywood Blvd., Tel. 323 4676412, Mo.–Sa. 10–22, So. 10–19 Uhr. Services wie oben, allerdings eher Infostand.

› Infos zu anderen Stadtteilen im Internet: www.visitwesthollywood.com, www.beverlyhillsbehere.com und www.TheValley.net

› **Arts Information Hotline:** Tel. 213 6882787. Infos zu Kulturevents aller Art.

040la Abb.: mb

Veranstaltungs- und Kartenservice

Tickets für Theater, Veranstaltungen etc. bucht man am besten möglichst **frühzeitig** oder sogar schon zu Hause über Reiseveranstalter oder Internet. In L.A. erhält man Tickets außer bei der Touristeninformation (s. S. 106) auch bei:

> **LAStage,** www.theatrela.org, Tickets zum halben Preis für alle Arten von Veranstaltungen, in den Visitor Information Centers in Hollywood und Downtown, immer Di. für den Rest der Woche.

> **Ticketmaster,** 3701 Wilshire Blvd., Tel. 213 4803232, www.ticketmaster.com

> **Live Nation,** 151 El Camino Dr., Beverly Hills, www.LiveNation.com, Tel. 310 5984076

> **First Class Tickets,** 195 S Beverly Dr., Beverly Hills, Tel. 310 2754200, www.firstclasstixx.com

> **Hollywood Tickets,** Tel. 818 688 3974, www.hollywoodtickets.com

> **Audiences Unlimited,** Tel. 818 7533470, www.tvtickets.com. Tickets für Live-Sitcoms u. a. Shows.

> **TV Tix,** Tel. 323 6534105, www.tvtix.com. Tickets für verschiedene TV-Shows und als Zuschauer bei Filmproduktionen.

> **Hinweise zu Veranstaltungen** liefern die „Calendar"-Sektion der Los Angeles Times am Sonntag, LA Weekly u. a. Publikationen.

DIE STADT IM INTERNET

> **www.discoverlosangeles.com** – offizielle Webpage von LA INC., modern aufgemacht mit verschiedenen Rubriken für Besucher und Backgroundinformationen

> **www.downtownnews.com** – Internetzeitung über die Ereignisse in Downtown L.A., viele Berichte, aber auch eine Menge praktische Tipps

> **www.wherela.com/LA/la_newinla.html** – wie im kostenlos aufliegenden Printmagazin Artikel und nach Stadtvierteln sortierte Tipps zu Shopping, Attraktionen, Nightlife etc.

> **www.lacity.org** – offizielle Seite der Stadtverwaltung (City of Los Angeles) mit Rubrik „Recreation & Tourism" für Besucher (dort v. a. Links)

> **www.losangeles.com** – Website von Boulevards City Guides, Restaurants, Hotels, Attraktionen und Nachtleben als Schwerpunkte, mit Hotelbuchungsmöglichkeit

> **www.experiencela.com** – „What to do/ How to get there", dazu „What's hot in L.A." – aktuelle Events und viel zum Herumkommen in der Stadt. ExperienceLA ist ein Zusammenschluss von Kultur- und Kunstinstituten.

> **www.discoverhollywood.com** – vierteljährlich erscheinendes Gratismagazin mit Internetauftritt, v. a. zu Veranstaltungen aller Art, aber auch zu Lokalen, Shops und Attraktionen

> **http://findlocal.latimes.com** – „Entertainment"-Seite der L.A. Times, u. a. mit Infos zu beliebten Lokalen, Bars, Klubs, Veranstaltungen, aber auch zu *neighborhoods* und Attraktionen

PUBLIKATIONEN UND MEDIEN

Einfache **Stadtpläne** gibt es bei den Touristeninformationsstellen (s. S. 106), genauer sind jene der CAA (s. S. 100). Dazu sollte man sich ggf. einen kostenlosen Nahverkehrsplan von Metro Rail (s. S. 124) beschaffen oder unter www.metro.net ausdrucken.

◄ *Eines von mehreren Besucherzentren von LACVB befindet sich im Unterhaltungskomplex Hollywood & Highland* **16**

UNSERE LITERATURTIPPS

So unübersichtlich die Megalopolis L.A., so vielfältig ist die Literatur über die Stadt. **Zum ersten Einstieg** eignen sich besonders:

› Kevin Starr, **California, 2005.** Das 500-Seiten-Kompendium des Historikers liefert einen fesselnden Einblick in den „Golden State" und L.A.

› David L. Ulin (Hrsg.), **Writing Los Angeles: A Literary Anthology, 2002.** Lesenswerte Sammlung interessanter Geschichten von vormals in L.A. lebenden Schriftstellern wie R. Chandler, J. Didion, W. Faulkner, J. Kerouac, W. Mosley, E. Waugh und sogar Umberto Eco und Bert Brecht.

› Mike Davis, **City of Quartz,** 1990/2006 (auf Deutsch 2006 im Verlag Assoziation A, Berlin). Die eindrucksvolle und spannende Sozialgeschichte L.A.s von den Anfängen bis heute – L.A. als Symbol der zukünftigen Gesellschaft. Lesenswert ist auch sein Buch **Ecology of Fear: Los Angeles and the Imagination of Disaster** (2000, auf Deutsch „Ökologie der Angst", Kunstmann Verlag).

› Norman Klein, **The History of Forgetting: Los Angeles and the Erasure of Memory, 1997/2008.** Fesselndes Porträt einer Stadt, die sich immer wieder aus dem eigenen Mythos neu erfindet.

Kriminalromane

› Raymond Chandler schuf mit seinem Philip Marlow einen der klassischen Privatdetektive - u. a. **The Big Sleep** (1939), **Farewell My Lovely** (1940) oder **The Long Goodbye** (1953). Alle Bücher auf Deutsch bei Diogenes.

› James Ellroy schreibt die „blutigsten Krimis" (Zeit Magazin), u. a. **Black Dahlia** (1987), **LA Confidential** (1990) oder **White Jazz** (1992). Alle Titel auf Deutsch im Ullstein Verlag.

› Das Schriftstellerehepaar Faye und Jonathan Kellerman schreibt getrennte Serien. Fayes Hauptfigur ist Peter Decker vom LAPD (z. B. **Missgunst,** 2009), Jonathan lässt den Kinderpsychologen Alex Delaware und den schwulen Kommisar Milo Sturgis vom LADP (z. B. **Todesfeuer,** 2009) agieren (auf Deutsch bei btb bzw. im Goldman Verlag).

› Walter Mosley stellt in seinen Krimis „Easy" Rawlins, einen afroamerikanischen Privatdetektiv, in den Mittelpunkt (auf Deutsch bei Fischer, z. B. **Blonde Faith,** 2010).

› Joseph Wambaugh, 1937 als Sohn eines Polizisten geboren, arbeitete selbst von 1960 bis 1974 im LAPD. Seit 1971 publizierte er 14 Krimis, die großteils in L.A. (viele in Hollywood) spielen, zudem etliche „true crime" (non-fiction) Bücher, die auch als Drehbuchvorlagen dienten. Etliche seiner Bücher liegen übersetzt im Bastei Lübbe Verlag vor, z. B. als jüngste **Sunset Boulevard** (2009) und **Hollywood Station** (2008). Als „Klassiker" gilt **The Choirboys** von 1975 (auf Deutsch „Die Chorknaben", 2009).

achbücher und Romane

*F. Scott Fitzgerald, **The Pat Hobby Stories**, 1962 (posthum). Der weltberühmte Autor verbrachte seine letzten Lebensjahre als Drehbuchautor in Hollywood und schildert seine Erlebnisse in diesem Kurzgeschichtenband.*

*Charles Bukowski, der legendäre Dichter der 1968er-Generation verbrachte die meiste Zeit seines Lebens in L.A., viele seiner Werke gibt es auf Deutsch im Verlag Zweitausendeins, bei DTV oder Fischer (z. B. **Hollywood**, 1990; **Pulp**, 1994; **439 Gedichte**, 2003 und **Letzte Meldungen**, 2007).*

*Nathaniel West, deutschstämmiger Autor, schildert in **The Day of the Locust** (1939, auf Deutsch „Tag der Heuschrecke") die Filmszene in Hollywood abseits der Stars.*

*D. J. Waldie ist ein kalifornischer Essayist, der sich mit dem modernen L.A. befasst, u. a. gibt es von ihm **California Romantica: Spanish Colonial and Mission-Style Houses** (2007) oder **Where We Are Now: Notes from Los Angeles** (2004).*

*Laura Massino Smith, **Architectural Tours L.A. Guidebook**, 2004. Einzelbände über die Architektur in verschiedenen Vierteln (u. a. Downtown, Hollywood).*

*Johnston McCulley, **Zorro**, 1919 (auf Deutsch 2006 bei Anaconda). Der weltberühmte „Rächer der Armen" wirkte im spanischen L.A. Isabel Allende lieferte 2005 ebenfalls einen Roman über Zorro, genauer, über dessen Jugend.*

Zeitungen und Stadtmagazine

Die maßgebliche **Tageszeitung** ist die **Los Angeles Times**, die werktags für $ 0,75, sonntags für $ 1,50 auch über Veranstaltungen und Aktuelles in der Stadt informiert. Dazu gibt es mehrere, meist wöchentliche **Stadtmagazine** wie Destination L.A., Key – This Week in L.A., L.A. Weekly, Los Angeles Downtown News oder WHERE Los Angeles (monatlich). Sie liegen in den Touristeninformationen (s. S. 106), in Hotels, Shops und Museen kostenlos aus. Weitere Infoquellen sind:

❯ **Los Angeles** (www.lamag.com) ist ein monatlich erscheinendes Stadtmagazin für $ 4,95 mit Stories, Blogs und vielen Tipps.

❯ **LA Now** ist ein in den Touristeninformationen (s. S. 106) ausliegendes Hochglanzmagazin des LACVB mit Feature Stories und Listen zu verschiedenen Aspekten wie Hotels, Restaurants, Shops.

❯ Der **Los Angeles Visitors Guide** des Los Angeles Convention and Visitors Bureau erscheint als Magazin zweimal jährlich und enthält fast ausschließlich Adresslisten (Hotels, Restaurants, Shops).

❯ **Downtown Los Angeles Guide** (einmal jährlich) und **Discover Hollywood** (viermal jährlich), beide kostenlos, beschäftigen sich mit Downtown bzw. Hollywood und deren spezifischen Angeboten.

▲ *Bunte Zeitungsvielfalt*

❯ **Museums Los Angeles** gibt eine Beschreibung der Museen im Großraum Los Angeles, kostet „offiziell" $ 4,95, liegt aber meist gratis aus, z. B. in Museen und Kultureinrichtungen.

Weitere Internetcafés mit Computerstationen finden sich unter:

❯ www.world66.com/northamerica/ unitedstates/california/losangeles/ internetcafes

INTERNET UND INTERNETCAFÉS

Die Internetnutzung mit privaten Laptops stellt dank **zahlreicher WLAN-Hotspots** kein Problem dar. Zum Beispiel verfügen folgende zentral gelegene **Parks, Plätze** und **Einrichtungen** über Hotspots:

❯ Pershing Square (Downtown) [B5]

❷❸ [f7] LACMA Plaza

❯ Hermosa Beach (s. S. 40)

●**227** [f7] **Goethe-Institut**, 5750 Wilshire Blvd., Tel. 323 5253388, Mo.–Do. 9–17, Fr. 9–15 Uhr, www.goethe. de/ins/us/los/deindex.htm. „Media Lounge" mit deutschen Zeitungen und Magazinen, DVDs, CDs, PC-Stationen, deutschem TV und Gratis-WLAN sowie Möglichkeit, kostenlos nach Deutschland zu telefonieren.

In **Hotels** ist Internetzugang nicht immer kostenlos und gelegentlich nur in der Lobby verfügbar.

Eine **Liste** mit **Coffeeshops**, die über kostenloses WLAN verfügen, gegliedert nach Downtown, Hollywood, Westside, Beach Cities und San Fernando Valley, findet sich im Internet unter www.wififreespot.com/ca.html. Ein paar Beispiele:

@**228** [B5] **Camille's Sidewalk Cafe**, 655 S Hope St.

@**229** [C4] **Lost Souls Café**, 124 W 4th St

@**230** [E4] **The Novel Cafe**, 811 Traction Ave.

❯ **Urth Caffe** (s. S. 25)

MASSE UND GEWICHTE

LÄNGEN

1 inch (in)	2,54 cm
1 foot (ft)	30,48 cm
1 yard (yd) (= 3 feet)	0,91 m
1 mile (mi) (= 1760 yards)	1,61 km

FLÄCHEN

1 square inch	6,45 cm²
1 square feet	929 cm²
1 square yard	0,84 m²
1 acre	4046,80 m²
	(0,405 ha)
1 square mile	2,59 km²
(= 640 acres)	

HOHLMASSE

1 pint	0,47 l
1 quart (= 2 pints)	0,95 l
1 gallon (= 4 quarts)	3,79 l

GEWICHTE

1 ounce (oz)	28,35 g
1 pound (= 16 ounces)	453,59 g

TEMPERATUREN

Umrechnungsschlüssel

(Grad Fahrenheit - 32) x 0,56 = Grad Celsius

Beispiele

23 Grad F	-5 Grad C
32 Grad F	0 Grad C
50 Grad F	10 Grad C

MEDIZINISCHE VERSORGUNG

042ia Abb.: mb

Besonderen Risiken sind USA-Reisende nicht ausgesetzt und spezielle Impfungen nicht nötig. Das Wasser ist gechlort, aber trinkbar. Erkältungen wegen der üblichen **Vollklimatisierung** von Räumen, Bahnen, Läden etc. kann man durch entsprechende Kleidung vorbeugen. L.A. ist allerdings noch immer berüchtigt für seine **schlechte Luftqualität**, die bei Atemproblemen Schwierigkeiten bereiten kann.

Den hohen Arzt-, Medikamenten- und Krankenhauskosten in Amerika steht ein **hoch entwickeltes medizinisches System** gegenüber. Schnelle und gründliche Behandlung ist gesichert, vorausgesetzt, man kann die **Zahlungsfähigkeit** (zum Beispiel durch Kreditkarte) nachweisen. Bei Praxisbesuchen ist im Allgemeinen sofort zu bezahlen. Gesetzliche Krankenkassen übernehmen die Kosten nicht, weswegen der Abschluss einer **Reisekrankenversicherung** (s. S. 126) und das Sammeln ausführlicher Quittungen und Rechnungen ratsam ist.

KRANKENHÄUSER UND PRAXEN

Hausbesuche sind in den USA unüblich. Im Notfall fährt man zu einer Arztpraxis (Adressen erfährt man im Hotel), ruft eine Ambulanz (Tel. 911) oder fährt zu einer Krankenhausnotaufnahme *(emergency room)*.

➕**231** [dh] **California Hospital Medical Center**, 1401 S Grand Ave., Tel. 213 7482411

➕**232** [bg] **Ronald Reagan UCLA Medical Center**, 757 Westwood Plaza, allg. Infos: Tel. 310 8259111, Notfälle: Tel. 310 8252111, Kinderkrankenhaus: Tel. 310 2679440

➕**233** [a6] **Dr. Samuel A. Berkman**, 9400 Brighton Way, Beverly Hills, Tel. 310 2716229. Dr. Berkman spricht deutsch, ebenso die beiden folgenden Ärzte:

➕**234** [dg] **Dr. Wolfgang Scheele**, 201 S Alvarado St., Tel. 213 4135040

➕**235** [e2] **Dr. Sina Kniter**, 8182 Sunset Blvd., www.DrSinaidaKniter.com, Tel. 323 6541100. Zahnärztliche Notfälle.

APOTHEKEN

Apotheken *(pharmacies)* sind rar, aber ein Grundsortiment an Arzneimitteln findet sich frei käuflich in Supermärkten und *drugstores.* In Letzteren kann man an speziellen Schaltern auch ärztliche Verordnungen *(prescriptions)* für rezeptpflichtige Medikamente einlösen. In L.A. ist v. a. **Rite Aid Pharmacy** verbreitet, daneben gibt es zahlreiche Filialen von Walgreens und CVS Pharmacy, z. B.:

▲ *Richtige Apotheken wie diese sind eher selten, dafür gibt es „drugstores"*

➕**236** [A2] **CVS**, 1050 W Sunset Blvd.,
24 Std. geöffnet
➕**237** [C5] **Rite-Aid**, 501 S Broadway oder
➕**238** [B5] **Rite-Aid**, 600 W 7th St.,
tgl. 7–20 Uhr außer So.
➕**239** [B5] **Uptown Drug & Gift Shop**,
444 S Flower St., www.uptowndrugs.
com, werktags 8.30–17.40 Uhr

MIT KINDERN UNTERWEGS

Kinder sind in den USA gern gesehen und kommen in den Genuss **vielerlei Vergünstigungen**, z. B. in öffentlichen Verkehrsmitteln oder Hotels, wo Kids meist kostenlos im Zimmer der Eltern übernachten. Restaurants bieten vielfach Kindermenüs und -sitze, in Museen gibt es je nach Alter freien oder ermäßigten Eintritt.

Bei den **La Brea Tar Pits** ㉔ mit **Page Museum** gibt es spannende Überreste von Urzeitwesen zu sehen, im **Griffith Observatory** ㊱ kann man in die Sterne schauen und im **Los Angeles Zoo** (s. S. 113) Tiere streicheln. Interessant für die ganze Familie sind auch das **Natural History Museum** ⑬ und das **California ScienCenter** ⑭ mit riesigem IMAX-Theater. Besonders umfangreiche Kinderprogramme werden im Family Room des **Getty Center** ㉛ und der **Getty Villa** ㉜ angeboten.

Aktiv werden können Familien am **Santa Monica Pier** (s. S. 82) mit Buden und dem Pacific Park, einem Vergnügungspark mit vielerlei Fahrgeschäften (www.pacpark.com). Hollywoods **Walk of Fame** ⑮ mit Grauman's Chinese Theatre ⑰, Hollywood Museum ⑱ und Madame Tussauds Hollywood Wax Museum (s. S. 34) sind ebenso ein Muss für Jung und Alt wie **Disneyland** ㊵, **Universal Studios Hollywood** ㉒ oder **Knott's Berry Farm** ㊶.

Noch ein paar spezielle Tipps:
↻**240** [dg] **Bob Baker Marionette Theater**,
1345 W 1st St. Marionettenshows Di.–
Fr. 10.30, Sa./So. 14.30 Uhr, $ 15,
www.bobbakermarionettes.com.
🍴**241** [C5] **Clifton's Cafeteria**, 648 S
Broadway. Über 60 Jahre alte Cafeteria,
ideal für Familien, vernünftige Preise,
Hausmacherküche zum Sattwerden
und tolle Desserts serviert in „Urwald-
Atmosphäre".

◀ *Unterhaltung für Kinder ist dank der Vergnügungsparks und anderer Attraktionen reichlich geboten*

⟲242 [bg] **Geffen Playhouse**, 10886 Le Conte Ave., Westwood, www. geffenplayhouse.com, $ 15. Kindertheater, besonders lohnend: Sa. 11 Uhr „Saturday Scene".

★243 [df] **L.A. Zoo**, 5333 Zoo Dr./Griffith Park, www.lazoo.org, tgl. 10–17 Uhr, $ 14. Aufgrund seiner Dimensionen und der Artenvielfalt wird er als zweitwichtigster Tiergarten des amerikanischen Westens (nach San Diego und vor San Francisco) bezeichnet. Anfahrt: Großer (kostenloser) Parkplatz direkt am Zoo. Öffentlicher Nahverkehr: Bus 96 (ab Downtown, z. B. „Civic Center") bis „L.A. Zoo" ($ 3 Ermäßigung im Zoo bei Vorlage eines Nahverkehrstickets).

❯ **Weitere Tipps** für Familien gibt es unter: http://gocitykids.parentsconnect.com

NOTFÄLLE

Die **zentrale, gebührenfreie Notrufnummer** (Polizei, Krankenwagen und Feuerwehr, kostenlos) lautet **911.** Wenn es sich um **keinen direkten Notfall** handelt, erfährt man unter der Telefonnummer **311** *(non-emergency city services),* wo sich das nächste Polizeirevier befindet. Ansonsten ist die Polizei (LAPD) unter Tel. 1 877 2755273 erreichbar.

Bei Diebstahl (z. B. Reisepass, Kreditkarte) oder sonstigen Verbrechen ist in einer Polizeistation **Anzeige** zu erstatten. Für die Ausstellung eines Ersatzreiseausweises ist die diplomatische Auslandsvertretung (s. S. 102) zuständig. Auch in anderen Notfällen, beispielsweise medizinischer oder rechtlicher Art, bemüht man sich dort, vermittelnd zu helfen. **Polizeidienststellen** gibt es in fast jedem Stadtteil, z. B.:

➦244 [C3] **LAPD**, 150 N. Los Angeles St., gegenüber dem Rathaus

KARTENSPERRUNG

Bei Verlust der Maestro-(EC-) oder der Kreditkarte gibt es für Kartensperrungen eine **deutsche Zentralnummer.** Man sollte vor der Reise klären, ob die eigene Bank diesem Notrufsystem angeschlossen ist. **Österreicher** und **Schweizer** sollten sich vor Abreise bei ihrer Bank oder ihrem Kreditinstitut über den zuständigen Sperrnotruf informieren.

Vor dem Reiseantritt sollte man für alle Karten, Schecks und Versicherungen die **Notfalltelefon- und Karten-/Policennummern** kopieren bzw. notieren und gesondert einpacken.

❯ **Deutscher Sperrnotruf (von den USA aus):** Tel. 011 49 116116 oder Tel. 011 49 3040504050

Wer dringend eine größere Summe Geld benötigt, kann sich diese von zu Hause über **Western Union** (via Postbank oder Reisebank, z. B. an Bahnhöfen oder Flughäfen) schicken lassen.

FUNDBÜROS

Es gibt kein städtisches Fundbüro, lediglich die öffentlichen Verkehrsbetriebe und LAX (s. S. 98) unterhalten Sammelstellen.

●245 [g7] **Metro Lost & Found**, 5301 Wilshire Blvd. (Wilshire/La Brea Customer Center), Tel. 323 9378920

ÖFFNUNGSZEITEN

In den USA gibt es kein verbindliches Ladenschlussgesetz, was allerdings auch nicht heißt, dass jeder Laden rund um die Uhr geöffnet hat.

❯ **Geschäfte:** je nach Art und Größe von 9/10 bis mind. 18 Uhr, an Sonntagen nicht alle geöffnet

> **Kaufhäuser/Malls:** 10–19/20, So. meist 11–18/19 Uhr
> **Restaurants:** ca. 12–15 (Lunch) und 18–22 Uhr (Dinner)
> **Bürozeiten:** Mo.–Fr. 9–17 Uhr
> **Banken:** werktags 10–14/15 Uhr
> **Postämter:** Mo.–Fr. 8/9–17, Sa. bis 13/14 Uhr
> **Museen und Sehenswürdigkeiten** besucht man am besten Di. bis So. 10 bis 17 Uhr. Oft gibt es an bestimmten Tagen eine längere Abendöffnung.

POST

Briefkästen sind blau-rot und mit der Aufschrift „US-MAIL" und einem Adler gekennzeichnet. Express Mail und Priority Mail sind schnellere, aber teurere Versandmöglichkeiten. Größere Sendungen schickt man per **parcel service** (z. B. UPS, FedEx, DHL).

Die **Portogebühren** (Stand: Herbst 2010) nach Deutschland, Österreich und in die Schweiz betragen für Karten und Standardbriefe bis 1 oz (28 g) 98 c (jedes weitere oz: 84 c). Die Post braucht ca. 5 bis 7 Tage.

Für **Inlandspost** (Standard oder „First Class") gilt: Briefe bis 1 oz (28 g) kosten 44 c, jedes zusätzliche oz kostet weitere 17 c, Karten 28 c.

✉ **246** [D2] **US Post Office,** Los Angeles Terminal Annex, 900 N Alameda St.

SCHWULE UND LESBEN

Die LGBT-Szene („Lesbian, Gay, Bisexual and Transgender") konzentriert sich in Los Angeles vor allem auf West Hollywood (WeHo), wo 40 % der Bewohner homosexuell sein sollen. Kleinere „Enklaven" finden sich in Venice Beach, Santa Monica oder Hollywood.

LGBT-SZENE IM INTERNET

> http://losangeles.gaycities.com – Tipps zu Events, Bars, Klubs, Restaurants, Hotels u. a. Treffs
> www.gaylosangeles.com – Guide für Lesben und Schwule mit homofreundlichen Adressen und Kontakten
> www.edgelosangeles.com – News, Artikel und Tipps für Homosexuelle
> www.frontiersweb.com: Webpage des LA Gay Lifestyle Magazine

TREFFS UND KLUBS

🛒**247** [c4] **A Different Light,** 8853 Santa Monica Blvd., West Hollywood, www.adlbooks.com, 10–mind. 22 Uhr. Gay Bookshop seit 1979, auch Videos, Karten, Lesungen und Autogrammstunden.

🕐**248** [c4] **East West Lounge,** 8851 Santa Monica Blvd., West Hollywood, www.eastwestlounge.com. Bis 2 Uhr nachts geöffnete Gay-Bar, Do. reinweiblich.

🕐**249** [i2] **Gay and Lesbian Center Los Angeles,** McDonald/Wright Building, 1625 N Schrader Blvd., Tel. 323 9937400, http://laglc.convio.net. Treff und Veranstaltungen.

🕐**250** [cf] **Oil Can Harry's,** 11502 Ventura Blvd., Studio City, www.oilcanharrysla.com. Di. und Do. bis Sa. geöffnete „Country and Western"-Bar für Schwule und Lesben, besonders Sa. beliebter Tanztreff.

🕐**251** [d4] **Palms,** 8572 Santa Monica Blvd., West Hollywood. Älteste Lesbenbar in L.A. www.thepalmsbar.com.

🕐**252** [dg] **Silverlake Lounge,** 2906 W Sunset Blvd., www.foldsilverlake.com. Transvestiten-Bar, Rockklub und Indieszene.

★**253** **Will Rogers Beach,** 17700 Pacific Coast Highway, Pacific Palisades. „Ginger Rogers Beach" ist in der Gay-Szene beliebt.

VERANSTALTUNGEN

❯ **LA Pride.** Großes Schwulenfest in West Hollywood an einem Wochenende Mitte Juni, San Vicente Blvd. (Santa Monica Blvd.–Melrose Ave.), mit Parade am So. (www.lapride.org).

❯ **West Hollywood Halloween Carnaval** (www.westhollywoodhalloween.com). Am 31. Oktober Musik auf mehreren Bühnen und Parade.

❯ **Outfest.** Los Angeles Gay & Lesbian Film Festival, Mitte Juli 11 Tage lang auf sechs verschiedenen Bühnen. Ältestes kontinuierlich bestehendes Filmfestival in L.A. (www.outfest.org).

LGBT-HOTELS

🏨**254** [Seite 83] Hotel Casa del Mar $^{\$\$\$\$}$, 1910 Ocean Way, Santa Monica, Tel. 310 5815533, www.hotelcasadelmar. com. Sehr edles Hotel direkt am Strand.

🏨**255** [c4] San Vicente Inn-Resort $^{\$\$\$}$, 845 N San Vicente Blvd., Cynthia St–Santa Monica Blvd., Tel. 310 8546915, www.thesanvicenteinn.com. Bekanntestes Gay-Hotel der Stadt.

SICHERHEIT

Inzwischen ist in L.A. dank Bürgermeister Antonio Villaraigosa und einer Umstrukturierung im LAPD die Gewaltkriminalität enorm zurückgegangen. Bandenkriminalität spielt hingegen immer noch eine große Rolle und den unehrenhaften Ruf, „**Gang Capital of America**" zu sein, konnte die Stadt noch nicht ablegen. Allerdings liegen die Schwerpunkte in Vierteln – besonders in South und East L.A. –, in denen Besucher nichts verloren haben. Die meisten Touristenattraktionen in L.A., in Hollywood, Beverly Hills, Westwood oder Downtown gelten als sicher.

Wie überall ist bei Massenveranstaltungen und Menschenaufläufen, z.B. in öffentlichen Verkehrsmitteln oder während Veranstaltungen, vor allem wegen **Taschendiebstahl** Vorsicht geboten, doch wer die **üblichen Vorsichtsmaßnahmen** beherzigt, dem sollte nichts passieren. Bargeld sollte man nur in kleineren Mengen mitführen und das Aufteilen von Papieren/Schecks zwischen zwei zusammenreisenden Personen ist ebenso empfehlenswert wie die getrennte Aufbewahrung von Dokumentkopien und Originalen. An **Stränden** sollte man seine Habseligkeiten im Auge behalten, ebenso in öffentlichen Verkehrsmitteln.

Vor allem in Hollywood und in Downtown sind bettelnde **Obdachlose** häufig, jedoch im Allgemeinen harmlos. Vorsicht vor sogenannten **Hollywood-Talentsuchern**, die vorgeblich nach Talenten für Fotoshootings Ausschau halten. Schlimmstenfalls endet man in einem Pornostudio.

SPORT UND ERHOLUNG

Nach L.A. fährt man nicht zum Radfahren oder Wandern und die Stadt ist auch nicht bekannt für romantische kleine Stadtparks oder *community gardens* wie z.B. New York oder San Francisco. L.A. bedeutet **Fitness- und Schönheitswahn** und **Wellnesseinrichtungen**, gesunde Lebensführung, Selbstfindung und Diäten. Kostenlose Yogakurse wie im Runyon Canyon (www.myspace.com/runyoncanyonyoga), asiatische Entspannungstechniken, die kuriosesten Behandlungen und Therapien in den zahlreichen Spas (v.a. in Hotels) – dafür ist die Glitzer-Glimmer-Stadt bekannt.

045la Abb.: LACVB/MTG

Eine große grüne Erholungsoase ist der **Griffith Park** 36 mit Trails aller Art, Sport- und Spielplätzen sowie Reitställen, **schöne Gartenanlagen** umgeben Getty Villa 32 und Getty Center 31 und der wohl vielseitigste **Botanische Garten** befindet sich um die Huntington Library 39. Ein **grünes Stadtidyll** ist der kleine Park an der Walt Disney Concert Hall 6.

Surfing

Surfen ist **der** Nationalsport Kaliforniens. Für Anfänger lohnen Zuma oder Will Rogers State Beach, beliebt sind auch Malibus Surfrider Beach, Bay Street Beach in Santa Monica oder Venice Pier Beach. Wer Surfen lernen möchte, findet hier Anleitung:

❯ **Surf Academy,** Tel. 310 3722790, www.surfacademy.org, Santa Monica
❯ **Santa Monica Surf School,** www.santamonicasurfschool.com, Tel. 310 5263346

Fitness

❯ **Gold's Gym,** 360 Hampton Dr./Rose Ave., Venice, www.goldsgym.com, $ 20/Tag. „Mecca of Bodybuilding", hier trainierte auch Schwarzenegger.
❯ **CrossFit,** 3201 Santa Monica Blvd., www.crossfitla.com. „The Spartan Workout" mit 20-Min.-Workouts hoher Intensität, verschiedene Stufen und Klassen.
❯ **Muscle Beach Venice** (www.musclebeachvenice.com). Spielplatz für Erwachsene mit dem größten „Outdoor Gym der Welt", in dem Arnold Schwarzenegger seine Karriere begann.

Sonstiges

❯ **Sunset Ranch** 3400 N Beachwood Dr., Hollywood, www.sunsetranchhollywood.com. Im Griffith Park gelegene Ställe, die Ausritte anbieten.
❯ **Venice Beach Skate Park.** Ein neuer Skatepark (www.veniceskatepark.com), der vor allem von „Profis" genutzt wird, allein schon das Zuschauen ist faszinierend.

ZUSCHAUERSPORT

L.A. ist eine Hochburg des Profisports – **Basketball** (NBA), **Baseball** (MLB), **Eishockey** (NHL) –, von den vier Profi-Nationalsportarten fehlt in L.A. nur der American Football (NFL), dafür bieten die beiden großen Unis, UCLA und USC, sehenswerten **College Football.** Darüberhinaus gibt es zwei **Fußballklubs** in der höchsten Liga (MLS/Major League Soccer): Galaxy und Chivas. Sie spielen beide in Carson, im Home Depot Center (18400 Avalon Blvd.). In Anaheim gibt es ebenfalls eine Baseball- und eine Eishockeymannschaft.

▲ *Surfen ist der kalifornische „Nationalsport"*

▶ *Baseball im Dodger Stadium – ein besonderes Ereignis!*

044Ia Abb.: LACVB/RL

S256 [dg] **Dodger Stadium,** Elysian Park Ave., www.dodgers.com (auch Tour-Infos), Anfahrt: bei Heimspielen eigener Metro-Shuttleservice „Dodger Stadium Express" (ab Bahnsteig 3, Patsaouras Plaza at Union Station, Eintrittskarte gilt als Ticket). Noch Teil der Innenstadt, allerdings schon am Abhang der Santa Monica Montains gelegen, breitet sich die großzügige Grünanlage des Elysian Parks aus. Das Zentrum markiert das imponierende, nach dem Baseballklub benannte Dodger Stadium. 1962 eröffnet, finden hier bei Dodgers-Spielen – neben den New York Yankees und den Boston Red Sox eine *der* Baseballmannschaften – jeweils 56.000 Zuschauer Platz.

S257 [A7] **Staples Center,** 1111 S Figueroa St., www.staplescenter.com (auch Ticketinfo), Anfahrt: Metro Rail – Blue Line bis „Pico". Gegenüber von L.A. LIVE und neben dem Convention Center steht die 1999 erbaute Sporthalle der Stadt, das Staples Center. Sie ist gleichzeitig Heimat von vier Profiteams: den legendären Basketballern der L.A. Lakers, deren Lokalrivalen, den L.A. Clippers, den Profibasketballerinnen L.A. Sparks und den Eishockey-Cracks L.A. Kings. Zudem finden hier Konzerte statt.

Infos zu den Mannschaften und Tickets für Spiele findet man im Internet auf den folgenden Seiten:

> **Anaheim Ducks** (Eishockey), http://ducks.nhl.com
> **L.A. Angels of Anaheim** (Baseball), http://losangeles.angels.mlb.com
> **L.A. Clippers** (Basketball), www.nba.com/clippers
> **C.D. Chivas USA** (Fußball), www.cdchivasusa.com
> **L.A. Galaxy** (Fußball), www.lagalaxy.com
> **L.A. Lakers** (Basketball), www.nba.com/lakers
> **L.A. Kings** (Eishockey), http://kings.nhl.com

> **L.A. Sparks** (Frauenbasketball), www.wnba.com/sparks
> **L.A. Dodgers** (Baseball), http://losangeles.dodgers.mlb.com
> **USC Trojans** (College Football und Basketball), www.usctrojans.com
> **UCLA Bruins** (College Football und Basketball), www.uclabruins.com

SPRACHE

Ganz ohne **Englisch** kommt man in L.A. nicht aus, allerdings ist *small talk* auch mit kleinem Wortschatz möglich und die Erwartungshaltung der Amerikaner nicht hoch. Das **Amerikanische** weicht zum Teil vom **Schulenglisch** ab, es gibt Unterschiede bezüglich Wortschatz, Grammatik und Aussprache.

Gewisse **Universalfloskeln** gehören zum guten Ton, z. B. „How are you

LITERATURTIPP

Sprachführer
Empfehlenswert sind die Sprechführer „Amerikanisch – Wort für Wort", „American Slang – das andere Englisch" und „More American Slang" mit begleitendem Tonmaterial aus der Kauderwelsch-Reihe des REISE KNOW-HOW Verlags.

(today)?", die Frage nach dem Befinden, aber vor allem auch als Begrüßungsformel genutzt. „Have a nice day/trip" dient der Verabschiedung, ebenso wie „It was a pleasure/It was nice to meet/meeting you" oder „See you". Letzteres ist selten als Einladung gemeint, sondern vielmehr ein legerer Abschiedsgruß.

STADTTOUREN

Am Anfang könnte zur Orientierung eine **Grand Tour of L.A.**, wie sie die großen Bustouranbieter Starline (Grand Tour of Los Angeles) oder LA City Tours (City Tour L.A.) anbieten, empfehlenswert sein. Einen Überblick gibt:

> www.latourist.com

BUSTOUREN

- ●258 [h2] **LA City Tours,** 6806 Hollywood Blvd., gegenüber der Kreuzung Hollywood and Highland, Tel. 323 9600300, www.lacitytours.com. Verschiedene Touren, z. B. Movie Star Homes (Minibusse durch Bel Air und entlang dem Sunset Strip, tgl. 11.30/13.30/15.30 Uhr) oder Beach & Shopping Tour (mit Venice Beach Boardwalk, Santa Monica Pier und 3rd Street Promenade, tgl. 9 Uhr).
- ●259 [h2] **Starline Tours,** 6925 Hollywood Blvd. Tel. 323 4633333, www.starlinetours.com. Bei „Hop-on, Hop-off Double Decker City Tours" transportieren rote Doppeldeckerbusse Besucher auf vier farblich gekennzeichneten Routen und liefern auch Informationen. Man kann an mehreren Stopps beliebig ein- und aussteigen. In Downtown (Purple Line) sind es 13 Haltestellen, die Red Line hält 16-mal in Hollywood, West Hollywood und Beverly Hills, die kurze Blue Line verbindet Hollywood mit Universal City und den Studios, während die Yellow Line vom Rodeo Drive und Beverly Hills über Westwood nach Santa Monica und über Century City zurückführt. Das Ticket kostet $ 30 für 1 Tag, $ 40 für 2 Tage. Empfehlenswert sind außerdem die Movie Stars Home Tours (www.starlinetours.com/los-angeles-tour-1.asp), auch im Hollywood CityPass (s. S. 64) enthalten, die neue Malibu Stars' Homes Tour oder die City Tour by Night (www.starlinetours.com/los-angeles-tour-3B.asp).

WALKINGTOUREN

- > **Hollywood Behind-the-Scenes Tour,** 6708 Hollywood Blvd., Tel. 323 4021074, www.redlinetours.com, tgl. 10/12/14/16 Uhr, $ 25 (im Hollywood CityPass enthalten, s. S. 64). Spaziergang durch Hollywood.
- > **Hollywood Heritage Walking Tours,** www.hollywoodheritage.org, Tel. 323 4656716. Dreieinhalbstündige Spaziergänge durch den Hollywood Boulevard Entertainment & Commercial District, ganzjährig Sa. 9 Uhr, $ 10.
- > **Venice Beach Walking Tours,** www.venicebeachwalkingtours.com, Tel. 310 3961585. Zwei- bis dreistündige Touren durch Venice Beach, mit oder ohne Lunch ($ 60/40).
- > **Studiotouren** siehe S. 71

SPEZIALTOUREN

- > **Architecture Tours L.A.,** Tel. 323 4647868, www.architecturetoursla.com. Tgl. 9.30 und 13.30 Uhr verschiedene Neighborhood-Tours ($ 75, 2–3 Std.), z. B. Hollywood/Beverly Hills, Silver Lake, Downtown oder West Hollywood. Führerin Laura Massino Smith ist Autorin der „Architectural Tours L.A. Guidebooks".
- > **Eagle Rider Tours,** Tel. 1 888 9009901, www.eaglerider.com/los angeles. Mit

der Harley auf dem Sunset Strip, die Beaches entlang oder auf dem Mulholland Drive cruisen.

› **Las Angelitas del Pueblo**, Tel. 213 6281274, www.lasangelitas.org. Di.–Sa. 10/11/12 Uhr kostenlose 50-Min.-Touren ab dem Büro Las Angelitas del Pueblo, Sepulveda House, 622 N Main St. In erster Linie für Schulgruppen, doch auch Privatleute können teilnehmen. Anmeldung im Internet.

› **Melting Pot Food Tours**, Tel. 212 2093370, www.meltingpottours.com. Sa./So. 10.30–13.30 Uhr. Old Pasadena Food Tasting WalkingTour ($ 49), außerdem Farmers Market/3rd Street Food Tasting Walking Tour (Mi./Fr./Sa./So. 9.30–13 Uhr, $ 49).

› **Six Taste Food Tours,** Tel. 1 888 3130936, www.sixtaste.com. Kulinarische Touren durch verschiedene *neighborhoods* (3,5 Std., ab $ 55).

› **Urban Shopping Adventures**, www. urbanshoppingadventures.com, Tel. 213 6839715. Shopping-Know-how und spezielle Tipps für verschiedene Stadtviertel, auch inkl. Essen, teils zu Fuß, teils mit dem Bus, ab $ 36.

L.A. aus der Luft

Celebrity Helicopters bietet vom 25-minütigen Kurzflug über die Celebrity Homes Tour und den Beach Cities Flight bis hin zu L.A. Tour und Hollywood Strip Tour, Nachttouren und einer V.I.P. Grand Tour eine breite Palette an Hubschrauberflügen. Pilot und Besitzer Robin Petgrave arbeitet auch für Filmstudios und als Stuntman, gibt Flugstunden und gründete Tomorrow's Aeronautical Museum (T.A.M, www.tamuseum.org), ein interaktives Museum mit Simulatoren etc. und zugleich ein Hilfsprojekt für Jugendliche.

› **Celebrity Helicopters**, 961 West Alondra Blvd., Compton, Tel. 1 877 9992099, www.celebheli.com

TELEFONIEREN

Eine **1** gefolgt von einem dreistelligen **area code** – in Downtown L.A. z.B. 213 – geht der **siebenstelligen Rufnummer** voraus und muss auch bei Ortsgesprächen mitgewählt werden, d.h. vollständig heißt es offiziell z.B. 1 (213) 123 4567. Die Rufnummer kann auch als werbewirksame **Buchstabenkombination** (2 – ABC, 3 – DEF, 4 – GHI, 5 – JKL, 6 – MNO, 7 – PRS, 8 – TUV, 9 – WXY) angegeben sein.

Gebührenfrei, aber regional begrenzt, sind 1–800er/866er-/877er-/888er-Nummern, teuer sind jene, die mit 1–900 beginnen.

Es existieren mehrere verschiedene **Vorwahlnummern** im Großraum L.A. Die wichtigsten sind **213** (Downtown L.A.), **323** (außerhalb von Downtown, z.B. Hollywood, West Hollywood, Watts), **310** (West L.A., Beverly Hills, Teile West Hollywoods, Santa Monica, LAX), **714 und 949** (Orange County), **626** (Pasadena) und **818** (San Fernando Valley).

TELEFONKARTEN

In Hotels bereitet Telefonieren kein Problem, es wird meist über Kreditkarte abgerechnet. Öffentliche Fernsprecher sind selten geworden und erfordern zudem massenhaft Quarter-Münzen. Bei Telefonkarten wird grundsätzlich unterschieden zwischen **calling cards** (monatliche Abrechnung vom Kreditkartenkonto) und **prepaid**

EXTRAINFO

Internationale Vorwahlen
› nach Deutschland: 011–49
› nach Österreich: 011–43
  › in die Schweiz: 011–41
    › R-Gespräche: 1 800 2920049

oder **phone cards** (geladen mit einem bestimmten Betrag). Da die Karten zur schwer durchschaubaren Wissenschaft geworden sind, hier nur einige **hilfreiche Webseiten:**

› www.callingcards.com – Übersicht über Anbieter und Preise
› www.long-distance-phone-cards.info/callingcards – ebenfalls eine Übersicht über Anbieter und Preise
› www.us-callingcard.info – empfehlenswerte beliebig wiederaufladbare Karte ohne Grundgebühr

MOBILE PHONE (HANDY)

Zur Nutzung der in den USA gut ausgebauten **GSM-Mobilfunknetze** (850/1900 MHz) ist ein Tribandoder Quadbandgerät nötig. Der eingedeutsche Begriff „Handy" existiert im Amerikanischen nicht, das Wort *handy* heißt nichts anderes als „handlich", „praktisch" oder „geschickt". Man spricht von *cell(ular)* oder *mobile (phone)*.

UHRZEIT UND DATUM

Die USA sind in vier Hauptzeitzonen eingeteilt – Eastern Time, Central Time, Mountain Time, Pacific Time –, die eine Verschiebung von der mitteleuropäischen Zeit (MEZ) um 6 bis 9 Stunden bedeuten. In L.A. gilt **Pacific Time**, d.h. **9 Stunden Zeitverschiebung.** Zeigt die Uhr in Mitteleuropa 18 Uhr, ist es in L.A. 9 Uhr morgens.

In den USA wird bei der Uhrzeit nicht bis 24 durchgezählt, sondern nur bis 12. Die Zufügung von **a.m.** (ante meridiem) weist auf vormittags, **p.m.** (post meridiem) auf nachmittags hin. 12 Uhr mittags heißt *noon,* 0 Uhr *midnight.*

Sommerzeit *(daylight saving time/DST)* herrscht in den USA vom ersten Märzwochenende bis zum ersten Novemberwochenende.

Das **Datum** wird in der Reihenfolge Monat–Tag–Jahr angegeben, z.B. Sept. 30, 2010 oder kurz 9/30/2010.

UNTERKUNFT

Die Hoteloptionen in L.A. sind breit gestreut. Bei der Hotelwahl könnte auch das geplante Besuchsprogramm ein wichtiges Kriterium sein, da man so die Wege verkürzen kann. Hollywood und West Hollywood sind hoteltechnisch wohl die beliebtesten Ziele, Downtown ist ebenfalls gut ausgestattet. Beverly Hills hat die wohl luxuriösesten Hotels zu bieten, für Strandliebhaber sind Santa Monica oder Venice geeignete Standpunkte. Wer nur einen Zwischenstopp einlegt, könnte ein Hotel in Flughafennähe wählen.

Die **Preisschwankungen** sind in Los Angeles relativ groß und dazu stark

---

◢ PREISKATEGORIEN

Die Kategorien unten beziehen sich auf den ungefähren Preis für ein normales Doppelzimmer zuzüglich Steuern, ohne Frühstück.

› $ „Schlafsaal-Kategorie" (unter $ 100)
› $$ Preiswerte Kategorie (unter $ 150)
› $$$ Mittlere Kategorie (ca. $ 150–250)
› $$$$ Luxus/gehobene Kategorie (über $ 250)

abhängig von Lage, Events, Messen und Veranstaltungen. Auch Wochen- und Feiertage spielen eine Rolle, aber andererseits gibt es in flauen Zeiten manchmal günstige Angebote. Der offizielle **Durchschnittspreis** liegt bei gegenwärtig rund $ 150 pro Doppelzimmer, dazu kommt in der City of L.A. immer eine *sales tax* (Mehrwertsteuer) von 14 %.

Eine **Buchung im Voraus** ist das ganze Jahr über ratsam, sei es über hiesige Reiseveranstalter oder – meist preiswerter – auf eigene Faust im Internet, z. B. bei

❯ www.expedia.de
❯ www.hotelbook.com
❯ www.quikbook.com
❯ www.HRS.de
❯ www.losangeles.com/hotels/
❯ www.tripadvisor.de

HOTELTIPPS

Downtown

260 [A7] **JW Marriott Los Angeles at L.A. LIVE** $$$-$$$$, Tel. 213 7658600, www.lalivemarriott.com, und

261 [A7] **The Ritz-Carlton Los Angeles** $$$-$$$$, 900 W Olympic Blvd., Tel. 213 7438800, www.ritzcarlton.com/en/Properties/LosAngeles/Default.htm. Das 2010 eröffnete Doppelhotel in einem spektakulären 54-stöckigen Wolkenkratzer bietet allen Luxus. Das Marriott verfügt über 800 Zimmer, das Ritz-Carlton in den oberen Etagen über 123.

262 [C4] **Kawada Hotel** $$-$$$, 200 S Hill St., Tel. 213 6214455, Reservierungen: www.kawadahotel.com, Tel. 1 800 7529232. In günstiger Downtownlage mit angeschlossenem Coffeeshop und Restaurant. Kleine, aber ordentlich ausgestattete 116 Doppelzimmer (mit Kitchenette, Internet), Parken relativ günstig.

263 [B6] **O Hotel** $$-$$$, 819 S Flower St., www.ohotelgroup.com, Tel. 213 6239904. Boutiquehotel in historischem Bau (67 Zimmer), nahe L.A. LIVE. *Fancy* und *hip,* besonders die Lobby mit Bar, wo am Wochenende Bands spielen. Zimmer eher klein, doch technisch und auch sonst gut ausgestattet, etwas laut, aber preiswert (auch das Parken).

264 [B6] **Ritz Milner Hotel** $$-$$$, 813 S Flower St., Tel. 213 6276981, www.milner-hotels.com. Ordentliche Zimmer inkl. Frühstück, seit 1918 in Familienbesitz, Retropub im Untergeschoss, Parken günstig.

265 [B5] **Standard Downtown Hotel** $$$-$$$$, 550 S Flower/6th St., Tel. 213 8928080, www.standardhotels.com/los-angeles. Extravagant wie das Partnerhotel in New York, v. a. technisch gut ausgestattete Zimmer mit Minibar, Safe und kostenlosem WLAN. Zugehörig ist ein 24/7-Restaurant (tgl. 24 Std. geöffnet). Weitere Filiale: 8300 Sunset Blvd., www.standardhotels.com/hollywood.

266 [B5] **The Millennium Biltmore** $$$$, 506 S Grand Ave., Tel. 213 6241011, www.millenniumhotels.com. 1923 eröffnetes, renoviertes altehrwürdiges Nobelhotel. Fast 700 Zimmer, mehrere Lokale und günstige Lage. Preiswertere Last-Minute-Angebote.

Hollywood und Westside

267 [bg] **Beverly Hills Hotel** $$$$, 9641 Sunset Blvd., Tel. 310 276 2251, www.beverlyhillshotel.com. 5-Sterne-Hotel mit legendärer Gästeliste. Über 200 hervorragend ausgestattete, elegante Doppelzimmer verschiedener Typen (auch Suiten und Bungalows), teils mit Balkon. Mehrere Bars, Lounges und Lokal, alles umgeben von tropischer Grünanlage.

268 [d5] **ÉLAN Hotel** $$$-$$$$, 8435 Beverly Blvd., Tel. 323 6586663, www.elanhotel.com. Zwischen Beverly Hills und West Hollywood gelegenes Boutiquehotel mit 49 Zimmern, inklusive Frühstück, WLAN und abendlichem Weinumtrunk.

🏠 **269** [h2] **Hollywood Roosevelt Hotel** $$$–$$$$, 7000 Hollywood Blvd., Tel. 323 4667000, www.thompsonhotels. com/hotels/la/hollywood-roosevelt. Altehrwürdiges Hotel von 1927, in dem schon Hollywoodstars genächtigt haben und wo die ersten Oscars vergeben wurden. 300 neu renovierte Zimmer verschiedener Typen.

Glitzer and Glamour in L.A.

Der schlicht-moderne Betonbau des **InterContinental Los Angeles Century City** mag auf den ersten Blick nicht spektakulär wirken, dafür ist die Lage perfekt. Das Hotel ist nur rund 20 Minuten vom Flughafen entfernt und verkehrstechnisch auch sonst günstig im Westen der Megalopolis, nahe Beverly Hills, Hollywood, aber auch Santa Monica und den Beaches gelegen. Die 363 perfekt ausgestatteten Zimmer (mit Kühlschrank, WLAN, Minibar, Kaffeemaschine) verfügen alle über Balkone und einen spektakulären Ausblick.

Das InterContinental verkörpert den relaxten California Way of Life, doch dank des österreichischen General Managers Stefan Huemer werden Service und Gästebetreuung großgeschrieben. Im zugehörigen Park Grill, kreiert Chefkoch Jonathan Wood kalifornische Küche aus großteils biologischen Produkten, es gibt eine Bar und die Konfiserie Jin Patisserie. Ein komfortables Spa, ein Fitnesscenter, ein Dampfbad, ein Swimmingpool und ein Jacuzzi gehören ebenfalls dazu.

🏠 **270** [bg] **InterContinental Hotel – Los Angeles Century City** $$$–$$$$, 2151 Avenue of the Stars, Tel. 310 2846500, www.intercontinentallosangeles.com

LAX

Eine Vielzahl von Unterkünften in allen Preiskategorien reiht sich entlang dem Century Blvd. und den Airport Blvd. auf, z. B.:

🏠 **271** [ci] **Four Points Hotel Los Angeles International Airport** $$$–$$$$, 9750 Airport Blvd., Tel. 310 6454600, www. fourpointslax.com. Doppelzimmer ab $ 100. Nur 5 Min. von LAX entfernt, mit Pool, Café und großen, gut ausgestatteten 573 Zimmern.

🏠 **272** [ci] **Travelodge Hotel at LAX** $$, 5547 W Century Blvd., I–405, Tel. 310 649 4000. 147 Zimmer auf zwei Ebenen mit Coffeeshop und Pool sowie Airport Shuttle und Frühstück inklusive.

Anaheim

🏠 **273** **Disney's Grand Californian Hotel & Spa** $$$–$$$$, 1600 Disneyland Dr., und
🏠 **274** **Disneyland Hotel** $$$–$$$$, 1150 Magic Way, und
🏠 **275** **Disneyland Hotel Disney's Paradise Pier Hotel** $$$–$$$$, 1717 S Disneyland Dr., http://disneyland.disney.go.com/ hotels, Tel. 714 5205045, auch Packages. Alle drei liegen in bzw. am Rand der Vergnügungsparks und sind ideal für Familien.
🏠 **276** **Portofino Inn & Suites** $$–$$$, 1831 S Harbor Blvd. www.portofinoinnanaheim. com, Tel. 714 7827600 oder Tel. 1 800 3983963, . Neuer, großzügig angelegter Hotelkomplex mit geräumigen Zimmern (auch für Familien) in schöner Anlage, auch kombiniert mit Disneyland-Tickets buchbar, Parken kostenlos.

▶ *Altehrwürdige Eleganz gepaart mit modernem Luxus: das Fairmont Miramar in Santa Monica*

Beaches

🏨 **277** [Seite 83] **Fairmont Miramar Hotel & Bungalows** $$$-$$$$, 101 Wilshire Blvd., Santa Monica, Tel. 1 866 5404470 o. 310 5767777, www.fairmont.com/santamonica. *Miramar* ist spanisch und bedeutet „Seeblick" und den haben die meisten Zimmer tatsächlich. Vom Eingangsportal und der Zufahrt mit altem Feigenbaum und (neuen) Palmen über die Lobby bis zu den Zimmern strahlt das Haus historische Eleganz aus. Ende des 19. Jh. erbaut von John P. Jones, einem früheren Senator und Silberbaron von Nevada, gelangte das Privatanwesen 1921 in den Besitz von Gilbert Stevenson. 1924 kamen Gästebungalows dazu, die gerne von Stars und Politikern gebucht werden. Im Haupthaus nächtigen die „normalen" Gäste. Von abendlichen Cocktails am Koi-Teich, einer schönen Poolanlage, einem Health Club und Spa über das ausgezeichnete Fig Restaurant, in dem saisonale Gerichte lokaler Provenienz serviert werden, bis hin zur Lobby Lounge fehlt es an nichts.

🏨 **278** [Seite 83] **Inn at Venice Beach** $$$, 327 Washington Blvd., Venice Beach, www.innatvenicebeach.com, Tel. 319 8212557. Kleines Hotel mit 43 schönen Zimmern etwas abseits des Strands und mit Innenhofcafé. Das Frühstück ist im Zimmerpreis inklusive, ebenso das WLAN. Günstiges Parken, auch diverse Packages buchbar.

🏨 **279** [Seite 83] **Loews Santa Monica Beach Hotel** $$$$, 1700 Ocean Ave., Santa Monica, Tel. 310 4586700 oder Tel. 1 866 5639792. Traumhaftes Strandhotel am Santa Monica Pier mit luxuriösen Zimmern, teils mit Meerblick, www.santamonicaloewshotel.com.

🏨 **280** [Seite 83] **The Cadillac** $$-$$$, 8 Dudley Ave., Venice Beach, Tel. 310 3998876, www.thecadillachotel.com. Am Ocean Front Walk gelegenes Art-déco-Hotel von 1912 mit Topausblick.

Bed and Breakfast

Eine **Liste von Privatzimmern** in verschiedenen Preiskategorien, Komfortstufen und Vierteln gibt es z. B. auf:

› www.bedandbreakfast.com/los-angeles-california.html
› www.bbonline.com/ca/region5.html

Hostels und Jugendherbergen

🛏 **281** [j2] **Banana Bungalow Hollywood** $, 5920 Hollywood Blvd., Tel. 323 4692500 oder Tel. 1 877 9775077, www.bananabungalow.com. Schlafsaal (6 Betten) und Zimmer, mit Patio, „Fun Lounge" und Küche. Gratis-Internet, -Frühstück sowie Flughafenabholung bei mehr als 4 Tagen. Filiale: 603 N Fairfax Ave., West Hollywood.

🛏 **282** [h2] **Hollywood International Hostel** $, 6820 Hollywood Blvd., Tel. 1 800 5577038 bzw. Tel. 323 4632770, www.hollywoodhostels.com. Betten im Schlafsaal, aber auch Doppelzimmer, inkl. Frühstück und Bettwäsche.

🛏 **283** [i2] **USA Hostels – Hostel Hollywood** $, 1624 Schrader Blvd., Tel. 1 323 4623777 oder Tel. 1 800 5246783, www.usahostels.com („Hollywood"). Gut ausgestattete, saubere Herberge mit Schlafsälen (Bett ab $ 31) und Zimmern.

Eine ausführliche Liste von weiteren Hostels und Billigunterkünften mit Beschreibungen und Sofortbuchungsmöglichkeit gibt es unter:
› www.hostels.com/LosAngeles
› www.hiusa.org

UMGANGSFORMEN UND VERHALTENSTIPPS

Auch wenn Los Angeles als besonders oberflächlich, „lässig" und „relaxt" gilt, gelten durchaus amerikanische Umgangsformen: Freundlichkeit, Hilfsbereitschaft, Diskretion und Disziplin. Der Kunde ist König. Vordrängen, Muffigkeit, Aggressivität und Hektik sind verpönt.

DO'S UND DONT'S – AMERIKANISCHE BESONDERHEITEN

› **Trinkgeld** (*tipp*/*gratuity*) ist nicht inklusive und die Löhne der Beschäftigten im Dienstleistungsgewerbe gering. Im Restaurant werden mind. 15 % *tipp* erwartet. Auch Taxifahrer oder Zimmermädchen erhoffen sich ein Trinkgeld.

› **Alkohol** darf nicht an unter 21-Jährige verkauft, ausgeschenkt und generell nicht öffentlich konsumiert werden.

› **Händeschütteln** ist bei der Begrüßung eher unüblich, dafür werden altersunabhängig sofort die Vornamen benutzt.

› **Anredeformen:** „Mrs." (meist verheiratet oder verwitwet, älter) steht „Miss" als universal anwendbare Anredeform, unabhängig von Alter und oft auch Stand, und geschrieben noch neutraler „Ms." gegenüber.

› Amerikanische **Tischsitten** unterscheiden sich besonders beim Hantieren mit dem Besteck von den europäischen: Amerikaner schneiden mit dem Messer vor und benutzen dann nur noch die Gabel. Beidhändig zu essen identifiziert den Europäer. Selbst in Toplokalen kann man sich Essensreste in ein *doggy bag* einpacken lassen oder nur kostenlos serviertes Leitungswasser trinken.

› **Toiletten** nennt man nie *toilet* sondern immer *restroom, ladies'* bzw. *men's room, bathroom* oder *powder room*.

VERKEHRSMITTEL

NAHVERKEHRSMITTEL

Das Nachverkehrssystem in L.A. ist besser als sein Ruf, wären da nur nicht die riesigen Entfernungen! Die **Los Angeles County Metropolitan Transportation Authority**, kurz „Metro", betreibt Busse und Schnellbahnen (Metrolink), die teils unter-, teils oberirdisch fahren. Da **Metro Rail** und **Metro Busses** viele Viertel und Sehenswürdigkeiten, wie Downtown, Little Tokyo, Koreatown, Hollywood, Universal City, North Hollywood, Chinatown, Pasadena oder Long Beach miteinander verbinden, kann ihre Nutzung auch für Besucher eingeschränkt empfehlenswert sein. **Metrolink** sind unabhängig davon betriebene Nahverkehrszüge, die ab Union Station in erster Linie von Pendlern genutzt werden (Preise nach Entfernung, z. B. Union Station–Anaheim $ 8,25, www.metrolinktrains.com).

Metro Bus und DASH

Busfahren ist im Allgemeinen aufgrund der Entfernungen und Staus für Besucher sehr zeitaufwendig und erfordert etwas Kartenstudium und Ortskenntnis. Metro betreibt verschiedene Bustypen: **Local** (orange) – mit häufigen Stopps –, **Rapid** (rot) und, als schnellste Variante, blaue Expressbusse (700er-Nummern), die entlang dem Freewaysystem nur selten halten. Es gibt derzeit 25 **Metro Rapid Bus Lines** sowie zwei in Santa Monica.

DASH untersteht hingegen der City of Los Angeles Transportation (LA-DOT) und verkehrt als **DASH Downtown** auf sechs Linien in der Innenstadt (Fixpreis pro Fahrt $ 0,35, Mo.–Fr. 6.30–18.30 Uhr alle 5–10 Min., Sa./So. seltener bzw. nicht).

❯ Infos und Pläne: www.ladottransit.com/dash

Metro Rail

Empfehlenswert, da schnell und vom Streckennetz gut überschaubar, ist **Metro Rail**, teils unter-, teils überirdisch verkehrende Schnellbahnlinien, die aus der Innenstadt herausführen. Kurioserweise werden auch zwei Buslinien (Silver und

Orange) dazugerechnet. Die Linien sind durch verschiedene Farben gekennzeichnet:

❯ **Red Line:** von Downtown (Union Station) nach Hollywood, Universal City und North Hollywood
❯ **Blue Line:** von Downtown (7th St./Metro Center Station) durch South Los Angeles nach Long Beach
❯ **Green Line:** von der South Bay (bei LAX) östlich von Norwalk entlang der I-105 mit Anschluss an LAX nach Redondo Beach
❯ **Purple Line:** von Downtown (Union Station) nach Koreatown (Wilshire)
❯ **Gold Line:** von East L.A. durch Downtown (Union Station, Chinatown) nach Pasadena
❯ **Expo Line** (Neubauprojekt): von Downtown (7th St./Metro Center Station) über Expo Park (2011) nach Culver City (2012) und Santa Monica (2015)
❯ **Silver Line:** Schnellbuslinie zwischen South L.A., Downtown (Stops an L.A. LIVE, Staples Center, Walt Disney Concert Hall, MOCA, Union Station) und East L.A.
❯ **Orange Line:** Hightech-Buslinie mit eigener Fahrtrasse von North Hollywood durch das San Fernando Valley zum Warner Center.

Metro-Informationen und -Fahrpreise

Es gibt vier **Kundenzentren** (Metro Customer Centers), z. B.
● **284** [D2] **Union Station/Gateway Transit Center**, East Portal, Mo.–Fr. 6–18.30 Uhr, Tel. 1 800 2666883. Infos zu Metro-Bussen und Metro-Rail.
❯ **Pläne und Fahrpläne** zum Herunterladen: www.metro.net
❯ **Preise:** Einzelfahrausweis $ 1,50 (an Automaten in den Stationen), Silver Line: $ 2,45, zwei Kinder unter 5 Jahren fahren kostenlos mit. Tagespass $ 6 (an Automaten oder in Bussen), Wochenpass $ 20 (im Customer Center). Metro-to-

Muni-Transfer (Umsteigen von Metro auf Bus $ 0,35) möglich, nicht gültig für ein Umsteigen von Bus auf Metro Bus und Metro Rail.

TAXIS

Die Grundgebühr (für 180 m Fahrtstrecke) beträgt $ 2,85, pro km kommen $ 1,68 dazu, plus Aufschläge, z. B. für Fahrten zum Flughafen, Sondergepäck oder Wartezeiten. Verbreitet sind z. B.

> **Yellow Cab Company**, Tel. 310 8081000 oder Tel. 1 800 2001085
> **Checker Cab**, Tel. 310 3005007 oder Tel. 1 800 3005007
> **United Independant Taxi**, Tel. 213 4837660

VERSICHERUNGEN

Eine Versicherung ist in den USA absolut unverzichtbar: eine private **Auslandskrankenversicherung**. Da die Kosten für eine ärztliche Behandlung von den gesetzlichen Krankenversicherungen in Deutschland und Österreich (Schweizer bitte nachfragen!) nicht übernommen werden, können im Krankheits- oder Notfall in den USA nämlich sonst hohe Kosten anfallen. Am günstigsten sind Jahres- bzw. Familienkrankenversicherungen. Zur Erstattung der Kosten zu Hause benötigt man ausführliche Quittungen.

Es ist nicht immer sinnvoll, **weitere Versicherungen** wie Reiserücktritts-, Gepäck-, Reisehaftpflicht- oder Reiseunfallversicherung abzuschließen. Sie enthalten meist viele Ausschlussklauseln und zudem sind gewisse Schäden und Verluste auch durch bereits existierende Versicherungen wie eine Privathaftpflicht oder eine Unfallversicherung abgedeckt. Auch in manchen (Gold-)Kreditkarten sind bestimmte Versicherungen schon enthalten.

WETTER UND REISEZEIT

Für Los Angeles gibt es keine eigentlich schlechte Reisezeit. Selten ist das Wetter länger anhaltend schlecht, die Luftfeuchtigkeit ist gering und Regen selten. Es herrscht **mediteranes** oder **subtropisches Klima** mit trockenen Sommern und **330 Tagen Sonnenschein**. Die Monate **Mai bis Oktober** sind heiß und trocken mit Durchschnittstemperaturen um die 23 bis 29 °C, mindestens aber 14 bis 19 °C. Oft werden jedoch – v. a. im Inland – sogar über 30 °C erreicht. Die Monate von **November bis April** sind im Allgemeinen mild mit höherer Regenwahrscheinlichkeit und durchschnittlichen Temperaturen zwischen 20 und 12 °C. Der meiste Regen fällt von **Januar bis März**.

Charakteristisch sind die vielen Mikroklimate, die Unterschiede von bis zu 10 Grad zwischen Inland und Küste zur Folge haben können. Ein Wetterphänomen heißt **June Gloom** bzw. **May Gray** und es weist auf neblige, graue Verhältnisse an der Küste an Vormittagen hin, die sich bis mittags in Sonne verwandeln. V. a. tritt das im späten Frühjahr und Frühsommer ein.

Beste Reisezeiten sind September, Oktober und – allerdings bei schnelleren Wetterwechseln und mehr Regenschauern – das Frühjahr bzw. der Frühsommer (Mai/Juni).

Dokumente kopieren
Rückflug drucken 2x
tvtickets.com

ANHANG

006ia Abb.: mb

KLEINE SPRACHHILFE AMERIKANISCH

Für einen tieferen Einstieg in die Sprache seien an dieser Stelle die Reisesprachführer „Amerikanisch – Wort für Wort" (Kauderwelsch-Band 143), „American Slang" (Kauderwelsch-Band 29) und „More American Slang" (Kauderwelsch-Band 67) aus dem REISE KNOW-HOW Verlag empfohlen.

BEGRÜSSUNG UND HÖFLICHKEIT

Guten Morgen	*Good morning* (bis mittags)
Guten Tag	*Good afternoon* (ab mittags)
Guten Abend	*Good evening*
Gute Nacht	*Good night*
Auf Wiedersehen	*Good bye/Bye-bye/ See you* (umgangssprachlich)
Willkommen!	*Welcome!*
Mein Name ist ...	*My name is ...*
Wie heißen Sie?	*What's your name?*
Schön Sie/Dich kennenzulernen/zu sehen.	*Nice/Good to see you.*
Entschuldigen Sie ...	*Excuse me, please, ...* (bei Fragen)
Verzeihung!	*Sorry/Pardon me!*
Bitte	*Please* (bei Fragen, Bitten)
Danke	*Thank you/Thanks*
Bitte, gern geschehen	*You are (very) welcome*
Könnten Sie mir bitte sagen ...	*Could you, please, tell me ...*

ALLGEMEINE FRAGEN UND WENDUNGEN

Ich bin/Wir sind ...	*I am .../We are ...*
Das ist/sind ...	*This is/These are ....*
Wo ist/sind ...?	*Where is/are ...?*
Wo kann ich ... bekommen?	*Where can I get ...?*
Was ist das?	*What's that?*
Haben Sie ...?	*Have you got ...? I am looking for ...*
Wie viel kostet ...?	*How much is ...?*
Ich verstehe nicht.	*I don't understand.*
Sprechen Sie Deutsch?	*Do you speak German?*
Wie heißt das auf Englisch?	*What's that in English?*
vielleicht	*perhaps, maybe*
wahrscheinlich	*probably*
Ist es möglich ...?	*Is it/Would it be possible ...?*
Wer?	*Who?*
Was?	*What?*
Wie?	*How?*
Wie viel(e)?	*How much?* (Menge) *How many?* (Anzahl)

ZEIT

Wie spät ist es?	*What time is it?*
Es ist 10 Uhr	*It's 10 a.m. (ante meridiem)*
Es ist 22 Uhr	*It's 10 p.m. (post meridiem)*
Mittag/Mitternacht	*noon/midnight*
heute	*today*
morgen	*tomorrow*
gestern	*yesterday*
morgens	*in the morning*
nachmittags	*in the afternoon*
abends	*in the evening*
früh/früher	*early/earlier*
spät/später	*late/later*

WOCHENTAGE

Montag	*Monday*	Freitag	*Friday*
Dienstag	*Tuesday*	Samstag	*Saturday*
Mittwoch	*Wednesday*	Sonntag	*Sunday*
Donnerstag	*Thursday*	Feiertag	*holiday*

GELDANGELEGENHEITEN

Geld, Kleingeld, Bargeld	*money, change, cash*
1 Dollar ($)	*„buck" (100 cent)*
1/5/10/25 Cent (c.)	*penny/nickel/dime/quarter*
Tausender	*grand*
Geldautomat	*ATM (automated teller machine)*
Kreditkarte	*credit card*
Reisescheck	*travelers cheque/check*
Ausweis	*ID (identification papers/card), passport*
Steuer	*tax*
Gebühr	*fee*

UNTERWEGS

Wie weit ist es bis ...?	*How far is it to ...?*
Ist das der richtige Weg nach ...?	*Is this the right way to ...?*
Nord, Süd, Ost, West	*north, south, east, west*
links, rechts	*left, right*
geradeaus, zurück	*straight (ahead), back (to)*
Ampel, Kreuzung	*traffic light(s), junction*
Auto/Mietwagen	*car, vehicle/rental car*
Autovermietung	*car rental station*

Lastwagen	truck
Motorrad	motorcycle, bike
Benzin	gas
Tankstelle	gas station
Führerschein	driver's license
Panne/Pannenhilfe	breakdown/roadside assistance

Öffentliche Verkehrsmittel

Fahrkarte	ticket
Tageskarte	day pass
einfache Fahrt	one-way trip
hin und zurück	round trip
Schienenverkehr (Tram, U/S-Bahn)	light rail
Straßenbahn	tram, streetcar
U-Bahn	subway, metro
(Bus-)Bahnhof/-Haltestelle	(bus) station/stop
Eisenbahn/Bahnhof	railroad/railroad station
Schiff/Fähre	boat/ferry

Unterkunft

Haben Sie ein Zimmer frei?	Any vacancy? Do you have a room available?
Zimmer frei/besetzt (Schilder)	Vacancy/No vacancy
Reservierung	reservation
Einzel-/Doppelzimmer	single/double room
... mit einem Bett/	... with one (king-size)/
... mit zwei Betten	... two (queen-size) beds
... mit Frühstück	... breakfast included
Badezimmer	bathroom
Dusche, Badewanne	shower, bathtub
WC	bathroom, restroom, ladies'/men's room
behindertengerecht	handicapped accessible/ handicap-accessible
Aufzug, Treppe, Rolltreppe	elevator, stairs, escalator
Stockwerk	floor
Parterre/erster Stock	ground oder auch first floor/second floor

Essen & Trinken

Speisekarte	menu
Ich möchte ... bestellen	I would like (to order) .../I will take .../

Rechnung	check	Mittagessen	lunch
Tagesgericht	daily special	Abendessen	dinner/supper
Vorspeise	appetizer	Bedienung	waiter/waitress
Hauptgericht	entree/entrée	Trinkgeld	tip, gratuity
Nachspeise	dessert	essen	to eat
Frühstück	breakfast	trinken	to drink

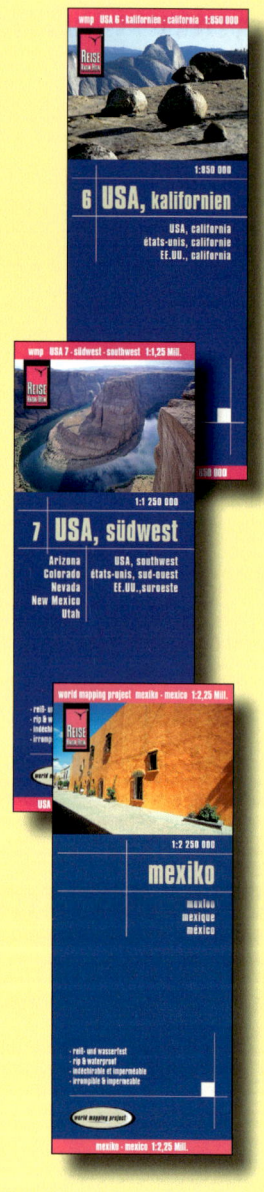

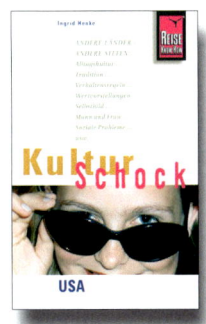
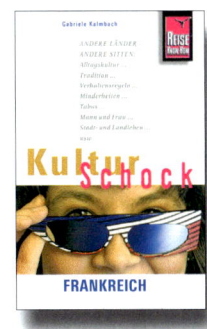
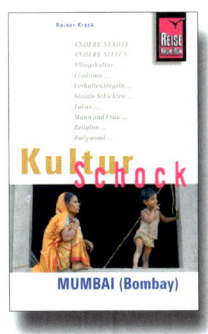

REGISTER

LEGENDE DER KARTENEINTRÄGE

Legende der Karteneinträge, Zeichenerklärung

Hier nicht aufgeführte Nummern liegen außerhalb der abgebildeten Karten. Ihre Lage kann aber wie bei allen im Buch vorkommenden Ortsmarken mithilfe des Internet-Kartenservice Google Maps™ lokalisiert werden (s. Umschlagklappe).
Die GPS-Daten aller im Buch beschriebenen Örtlichkeiten stehen außerdem auf der Produktseite dieses CityTrip-Titels unter www.reise-know-how.de zum kostenlosen Download bereit.

ZEICHENERKLÄRUNG

❶	Hauptsehenswürdigkeit
[A7]	Verweis auf Planquadrat im City-Faltplan
✚	Arzt, Apotheke, Krankenhaus
❶	Bar, Bistro, Klub, Treffpunkt
⦵	Biergarten, Pub, Kneipe
🄑	Bibliothek
⦿	Café
⬬	Fischrestaurant
🄖	Galerie
🔒	Geschäft, Kaufhaus, Markt
🏨	Hotel, Unterkunft
❶	Imbiss
❶	Informationsstelle
@	Internetcafé
🛏	Jugendherberge, Hostel
🄚	Kino
⛪	Kirche
🄜	Museum
❷	Musikszene, Disco
🅿	Parkplatz
➣	Polizeistation
✉	Postamt
⑪	Restaurant
★	Sehenswürdigkeit
🆂	Sport-/Spieleinrichtung
●	Sonstiges
⦿🎭	Theater
❷	Weinlokal
Ⓜ	Metro Rail

BEWERTUNG DER SEHENSWÜRDIGKEITEN

★ ★ ★	auf keinen Fall verpassen
★ ★	besonders sehenswert
★	Sehenswürdigkeit für speziell interessierte Besucher

LOS ANGELES, BLATTSCHNITT

1 cm = 2,1 km

2 km 4 km 6 km

af ef Pasadena 38
South Pasadena
El Sereno
Monterey Park
East Los Angeles 60 5
134 Eagle Rock Highland Park eg Montecito Heights Lincoln Heights 10 eh Vernon
110 110
Glassell Park
2
Glendale Ventura Freeway Elysian Park siehe Faltplan 101 Downtown 110 California ScienCenter
Golden State Highway
Mount Hollywood Silver Lake East Hollywood Hollywood LOS ANGELES Mid-City California ScienCenter
af 5 Autry National Center of the American West 37 Griffith Park 36 Hollyhock House 20
Natural History Museum of LA County (NHM) 13 14 12 Exposition Park
Burbank 134 101 Freeway Hollywood 10 dh
Universal Studios Hollywood 22 West Hollywood Westside 10
Studio City H o l l y w o o d   H i l l s
cg ch Baldwin Hills
Sherman Oaks Beverly Hills 29 Museum of Tolerance (MOT) Culver City 10
bf Ventura Freeway bg Westwood und UCLA 2 Santa Monica Freeway San Diego Freeway
Encino 101 Bel Air 30 siehe Faltplan
af San Diego Freeway 405 31 The Getty Center Brentwood Santa Monica Airport an
Pacific Palisades 32 The Getty Villa 1 Santa Monica s. Seite 83 33 Santa Monica